BASTEI
LÜBBE
TASCHENBUCH

Dieses Buch ist auch als E-Book erhältlich

Über den Autor:

Prof. Dr. Martin-Niels Däfler ist Hochschullehrer an der FOM Hochschule in Frankfurt/Main und führt in der Nähe von Aschaffenburg Führungskräfte-Workshops mit Pferden durch (www.sattelfeste-manager.de). Nach seinem BWL-Studium war er als Kommunikationsberater, Seminarleiter und Wirtschaftsredakteur tätig und hat mehrere Jahre für große Unternehmen gearbeitet. Als Autor hat er bereits Bücher zu den Themen Selbstmanagement und Stressbewältigung veröffentlicht.
Mehr über den Autor unter daefler.de

Martin-Niels Däfler

DIE TORERO TECHNIK

Und 111 andere zupackende Selbstcoaching-Tipps für Alltag und Beruf

BASTEI LÜBBE
TASCHENBUCH

BASTEI LÜBBE TASCHENBUCH
Band 60794

1. Auflage: April 2014

MIX
Papier aus verantwortungsvollen Quellen
FSC® C014496
FSC
www.fsc.org

Originalausgabe

Textredaktion: Ulrike Strerath-Bolz
Umschlaggestaltung: Guter Punkt, München
Satz: Urban SatzKonzept, Düsseldorf
Gesetzt aus der Optima
Druck und Verarbeitung: GGP Media GmbH, Pößneck
Printed in Germany
ISBN 978-3-404-60794-5

In maximaler Liebe für
meine Kinder,
die mir alles bedeuten.

Inhalt

F

G

H

I/J

K

Wie ich dazu kam . . .

. . . dieses Buch zu schreiben? Um diese Frage zu beantworten, muss ich etwas ausholen. Lange ist's her, aber ich kann mich noch gut erinnern an diese Deutschstunde in der 10. Klasse: ein grauer Märzvormittag, ich sitze in der zweiten Reihe, rechts vom Pult. Auf dem Lehrplan steht Hermann Hesse, *Siddharta.* Hausaufgabe: Interpretation des dritten Kapitels. Lehrer Dieter Rath betritt das Klassenzimmer und bittet darum, die Lektüre hervorzuholen. Der prüfende Blick in die Runde lässt den Oberstudienrat erkennen, dass zwei Schüler ihr Buch vergessen haben. Da bricht es aus ihm los wie der Donner aus einer Frühsommergewitterwolke: Wie könne man, es sei doch stets dasselbe, nichts als Schaum im Hirn, eine Beleidigung des Lehrkörpers, kein konstruktives Arbeiten und überhaupt: Nichts würde es mit uns. Betretenes Schweigen. Der Philologe holt Luft und setzt erneut an. Wir befürchten Schlimmes: Ob man ihm nicht einmal schnell ein Buch leihen könne, er habe seines zu Hause liegen lassen.

Diese dreiminütige Sequenz ist mir wie kein anderes Vorkommnis aus der Schulzeit in Erinnerung geblieben. Oh, wie dankbar bin ich Lehrer Rath für diese Lektion! Sich selbst und den Job nicht allzu ernst zu nehmen – das hat er uns Fünfzehnjährigen damals mit dieser unübertrefflichen Inszenierung vorgeführt – ist eine Charakterstärke und keine Schwäche. Darüber hinaus hatte Herr Rath uns Pubertierenden im Laufe des Schuljahrs noch zweierlei gelehrt, nämlich, dass das Zuhören und Lernen viel leichter fällt, wenn es mit einem Schuss Humor gewürzt wird. Und dass man immer mit der Nadel in einen Text stechen sollte, um – wie er sagte – die »heiße Luft herauszulassen«.

Während meines Studiums begegnete mir leider nie mehr ein ähnlich guter Dozent, wie Herr Rath es war. Umso froher war ich, als ich im Wintersemester 1998/99 erstmalig selbst die Chance hatte, es meinem Vorbild gleichzutun. Ich hatte einen Lehrauftrag an der Universität Würzburg angeboten bekommen und freudig zugesagt. Und nun bemühte ich mich, den Kursteilnehmern die Inhalte verständlich und unterhaltsam zu präsentieren, was mir zugegebenermaßen anfangs nur ansatzweise so gut gelang wie meinem alten Deutschlehrer. Aber von Vorlesung zu Vorlesung, von Semester zu Semester wurde ich besser.

Als ich dann in die Wirtschaft wechselte und Unternehmensseminare gab, hatte ich meinen ganz persönlichen Vortragsstil gefunden. Dieser zeichnet sich vor allem dadurch aus, dass ich versuche, den Stoff bildhaft und – wann immer möglich – humorvoll zu erklären. Ich ziehe alltägliche Beispiele zur Erläuterung heran, ich berichte aus meinem Leben, schildere kuriose Erlebnisse, gebe kompliziert klingenden Prinzipien oder Methoden neue Namen und schreibe meine Folien nicht mit Text voll, sondern zeige dafür lieber großformatige Fotos. Heute, nach mehr als fünfzehn Jahren Vortrags- und Lehrtätigkeit und wieder zurück an der Hochschule, kann ich behaupten: Es funktioniert!

Sehr oft hörte ich von meinen Studenten: »Ihre Vorlesungen machen richtig Spaß, das Thema ist ja gar nicht so langweilig, wie ich dachte. Und die Tipps bleiben viel besser in Erinnerung.« Es stimmt: Wir können uns Inhalte einfacher merken, wenn wir dazu eine bildliche Vorstellung haben oder wenn unser Gehirn damit eine Geschichte verknüpft. Gute Redner machen sich diese Erkenntnis schon seit der Antike zunutze.

Auch die Werbung setzt auf die Kraft des Visuellen und Außergewöhnlichen. Der Saarbrücker Verhaltenswissenschaftler und »Marketing-Papst« Werner Kroeber-Riel brachte es auf den Punkt: »Bilder sind schnelle Schüsse ins Gehirn.« So kann man sich die Empfehlung, eine unangenehme Aufgabe wie ein Torero, der den Stier bei den Hörnern packt, direkt in Angriff zu nehmen, leichter vorstellen und merken als die abstrakte Regel, auf Prokrastination zu verzichten (siehe »Torero-Technik«).

Und damit sind wir mitten im Thema. Auf den folgenden Seiten geht es darum, wie Sie sich Ihr (Arbeits-)Leben erleichtern und Stress reduzieren können, um so Zeit für das wirklich Wichtige zu haben. Denn: Kurz ist das Leben, lang die im Job verbrachten Tage und die mit alltäglichen Aufgaben verschwendeten Stunden. Diesen Widerspruch ein wenig aufzulösen, Ihnen zu einem etwas entspannteren (Arbeits-)Leben zu verhelfen, das ist mein Anliegen.

Dieses Buch versteht sich als ein Kompendium konkreter Tipps, aber auch als Sammlung von Denkanstößen. Unterhaltsam und hilfreich zugleich will die Torero-Technik sein. Mal sind es profan-triviale Dinge, über die wir sprechen – wie etwa die Organisation des Arbeitsplatzes –, mal sind es eher philosophisch-tiefgründige Themen, mit denen wir uns beschäftigen, wie zum Beispiel die Fähigkeit, nach dem Warum zu fragen. Mal sind die Einträge sechs Zeilen kurz, mal sind sie mehrere Seiten lang. Mal können Sie schmunzeln, mal nachdenklich werden. Mal bin ich persönlich, mal sachlich. Für Abwechslung ist also gesorgt – beim Stil genauso wie bei den Inhalten. Geeint werden alle Einträge durch das Bestreben, Ihnen das (Arbeits-)Leben zu erleichtern.

Um es gleich klarzustellen: Ich bin kein Missionar und auch weit davon entfernt, allwissend zu sein. Aber in Einem bin ich mir sicher: Wer die Arbeit zu ernst nimmt, sich von den alltäglichen Widrigkeiten im Büro die Stimmung vermiesen lässt und immer schneller im Hamsterrad tritt, der wird kaum glücklich werden! Deshalb lautet meine Botschaft: **Nehmen Sie den Job nicht so schwer und machen Sie sich das Arbeiten leichter!**

Natürlich hätte ich ein Problem damit, wenn mein Hausarzt nach dieser Devise verfahren würde. Auch würde ich mich unwohl fühlen, wenn der Pilot meines Ferienfliegers seinen Job allzu locker nähme. Das ist aber auch gar nicht gemeint, sondern die Tendenz vieler Menschen, die Arbeit und die damit verbundenen Probleme sowie Belastungen überzubewerten. Sicher, die Arbeit ist unsere Existenzgrundlage, und aus ihr beziehen wir Anerkennung. Sie verleiht uns sozialen Status und gibt unserem Leben einen Sinn (zumindest sollte es so sein). Unserem Arbeitgeber sind wir es schuldig, eine ordentliche Leistung abzuliefern.

Unsere Kunden, Gäste, Patienten, Mandanten und Klienten, unsere Kollegen, Vorgesetzten und Mitarbeiter, unsere Lieferanten, Berater und Geschäftspartner – kurz: All die Menschen, mit denen wir es bei der Arbeit zu tun haben, verdienen Wertschätzung, Aufrichtigkeit und unser ernsthaftes Bemühen. Aber niemand ist es wert, dass wir uns aufopfern, unsere physische und psychische Gesundheit gefährden und unsere Familien sowie Freunde (dauerhaft) vernachlässigen.

Wir wollen hier nicht jammern. Wir wollen aber auch nichts verniedlichen oder schön reden. Wir wollen auch keine Manifeste verfassen. Und wir wollen niemanden an den Pranger stellen. In diesem Buch teile ich meine Erkenntnisse mit Ihnen. Dabei verfolge ich keine Räucherstäbchen-wir-haben-uns-alle-lieb-Methode. Vielmehr werde ich Ihnen wirksame Gegenmittel für übervolle Schreibtische, nervende Besprechungen, fiese Kollegen, cholerische Chefs und viele weitere Ärgernisse des Arbeitslebens aufzeigen. Ein entspanntes Arbeiten ist möglich – und das Schöne daran: Es liegt in Ihrer Hand!

Bitte betrachten Sie dieses Buch als eine Art Supermarkt: Die einzelnen Einträge sind nichts anderes als Waren im Regal. Wie im realen Leben erstehen Sie nicht jedes Produkt, das angeboten wird, sondern nur die Artikel, die Sie benötigen und die Ihrem Geschmack entsprechen. Und so wird auch nicht jeder der 111 Tipps für Sie sinnvoll oder nützlich sein. Persönliche Vorlieben, der eigene Arbeitsstil und Typ, die Position und Branche, in der man tätig ist, und natürlich der Beruf an sich bestimmen, welche Hinweise und Regeln für Sie geeignet sind.

Genug der Vorrede: Ich wünsche Ihnen viele Aha-Erlebnisse bei der Lektüre!

Martin-Niels Däfler, Heigenbrücken, im April 2014

Sie haben es in der Hand!

Was macht uns eigentlich das Arbeitsleben so schwer? Klar, hätten wir die Wahl, einen Tag im Büro zu verbringen oder diesen mit einem Caipirinha in der Hand in einer Hängematte auf Antigua zu verleben, nun, ich vermute, die meisten Menschen würden sich für Variante 2 entscheiden. Aber wir sind ja realistisch genug und wissen, dass wir arbeiten müssen, um Wohnung, Wagen und Waschmaschine zu finanzieren. Also machen wir uns jeden Tag auf den Weg zur Arbeit. Manche von uns tun dies sogar mit einer gewissen Freude. Andere wiederum treten den Gang ins Büro, die Werkstatt oder die Praxis mit Widerwillen an und erleben die folgenden acht, neun oder zehn Stunden als Höllenqual.

Ganz unterschiedliche Ursachen können dafür verantwortlich sein, dass wir die auf der Arbeit verbrachte Zeit als Tortur empfinden. Das reicht von banalen Dingen – wie dem geschmacklosen Essen in der Kantine – bis hin zu so ernsthaft belastenden Faktoren wie cholerischen Chefs, intriganten Kollegen oder einem als unmenschlich empfundenen Arbeitstempo.

Ich habe mal eine Horrorliste mit Gründen erstellt, warum Menschen das Arbeitsleben so schwerfällt (siehe Kasten). Diese Aufzählung ist sicherlich unvollständig, doch sie zeigt, wie vielfältig die Motive sein können, die Arbeit als Belastung zu verspüren.

Was uns die Arbeit als Belastung empfinden lässt – eine (unvollständige) Horrorliste

- Termindruck, Zeitdruck, Hetze, zu hohes Arbeitstempo
- Keine Zeit für die wirklich wichtigen Aufgaben; quantitative Überforderung durch ein zu hohes Arbeitsvolumen
- Qualitative Überforderung durch zu komplexe oder zu anspruchsvolle Aufgaben
- Häufige Unterbrechungen und Störungen
- Ungenaue Ziele, Anweisungen und Vorgaben
- Keine oder ungenügende Einarbeitung
- Widersprüchliche Arbeitsanweisungen
- Zu viele (unwichtige) Informationen
- Zu wenige oder unvollständige Informationen
- Keine oder mangelhafte Rückmeldungen, Zwang zum (mehrfachen) Nachhaken
- Leistungsdruck
- Zu viele (unproduktive) Besprechungen
- Ungerechtfertigte Kritik
- Häufige Kontrollen
- Kein Lob, Anerkennung oder Dank
- Nervige, fiese, intrigante, faule ... Kollegen
- Schlechtes Betriebsklima
- Konkurrenzkampf, Aufstiegswettbewerb
- Keine Aufstiegschancen, mangelnde Karriereperspektiven
- Cholerische, rechthaberische, unfähige ... Chefs
- Konflikte mit Kollegen, Vorgesetzten und Mitarbeitern
- Zu häufige/anstrengende Dienstreisen
- Lange Anfahrtswege zur Arbeit
- Missverständnisse

- Fehler von Mitarbeitern, Kollegen, Vorgesetzten ausbügeln müssen
- Veraltete, unergonomische Arbeitsmittel oder Software
- Veraltete oder abweisend wirkende, sterile, hässliche, schmutzige Arbeitsumgebung
- Angst vor Versagen/Misserfolg
- Zu viel/zu hohe Verantwortung für Mitarbeiter oder Projekte
- Isoliertes Arbeiten, kein Kontakt zu Kollegen
- Arbeiten im Großraumbüro, zu viel Kontakt mit Kollegen, keine Intimsphäre
- Diskriminierung, Benachteiligung, Mobbing
- Arbeitszeiten passen nicht zu Familienerfordernissen
- Nacht- und Schichtarbeit
- Angst vor Arbeitsplatzverlust
- Keine oder unzureichende Informationen über Betriebsgeschehen
- Vorgesetzte nehmen sich keine Zeit für persönliche Gespräche
- Zwang zu bestimmten Verhaltensweisen (etwa gegenüber Kunden)
- Lärm am Arbeitsplatz
- Arbeitsplatz falsch temperiert (zu kalt, zu warm)
- Keine frische Luft, Klimaanlage, Zugluft
- Keine Zeit für Pausen, zu kurze Pausen, keine geeigneten Räumlichkeiten für die Pause

So schauerlich sich diese Liste liest, so positiv ist meine Botschaft: **Sie können die meisten dieser Negativfaktoren abstellen oder zumindest mildern!** Wie komme ich zu dieser zuversichtlichen Aussage? Weil ich mich schon seit langer Zeit mit den Themen Selbst- und Konfliktmanagement sowie Kommunikation beschäftige, weil ich dazu Umfragen durchgeführt, wissenschaftliche Studien ausgewertet und Menschen bei der Arbeit beobachtet habe. Und weil ich mit ungezählten Kunden, Studenten und Bekannten über ihre Arbeitsweise gesprochen habe. Die zentralen Ergebnisse meiner Recherchen habe ich in fünf Thesen zusammengefasst:

1. Die meisten Menschen haben noch erhebliche Zeitreserven, weil sie sich selbst nur unzureichend organisieren und keine Methoden/Tricks zum effizienten Arbeiten kennen.
2. Ein erheblicher Teil der Arbeitszeit geht verloren, weil Mitarbeiter in Konflikte verwickelt sind und nicht gelernt haben, diese schnell und konstruktiv zu lösen.
3. Ein hoher Anteil der Arbeitszeit wird dafür ver(sch)wendet, Missverständnisse aufzuklären und die auf Missverständnissen beruhenden Fehler sowie Versäumnisse zu beseitigen.
4. Viele (Büro-)Arbeiter verfügen nicht über die Fähigkeit, ihre eigenen Grenzen zu erkennen und entschieden »Nein« zu sagen. Die Stress-Trainerin Sylvia Wellensiek hat das treffend formuliert: »[Wir sind] in dieser typisch deutschen Nährlösung aufgewachsen: Man muss schnell arbeiten, man muss viel arbeiten, es ist nie genug und muss noch besser sein. Wir Deutschen

haben eine große Affinität, uns selbst auszubeuten. Diese Nachkriegsmentalität wurde bereits in der Kindheit verinnerlicht und sitzt sehr tief in den Menschen drin. Wir sind fleißig und akkurat. [...] Jetzt haben wir aber die offenen Märkte, und es gibt einfach keinen natürlichen Feierabend mehr, die Menschen könnten rund um die Uhr arbeiten. Deshalb fällt es so schwer, zu fühlen, wann es genug ist.«

5. Und schließlich habe ich bei vielen Berufstätigen – auch in Anbetracht eines drohenden Arbeitsplatzverlustes – eine geradezu fatalistische Einstellung ausgemacht: »Tja, so isses halt – viel zu tun und kein Spaß. Aber, kann man halt nix machen.« Anders ausgedrückt: Die Annahme, selbst nichts ändern zu können, das Spiel mitspielen zu müssen, um den Job nicht zu verlieren, ist sehr weit verbreitet.

Um es deutlich zu sagen: Etliche Mitarbeiter verschwenden zu viel Arbeitszeit mit unproduktiven Tätigkeiten und haben deshalb zu wenig Zeit für ihre eigentlichen Aufgaben sowie für sich selbst beziehungsweise Familie, Freunde und Hobbys. Außerdem wagen sie es nicht, die Notbremse zu ziehen. Daraus entsteht Arbeitsunlust, Stress und in der schlimmsten Konsequenz Burn-out.

Nun will ich weder das Leiden Betroffener negieren, noch will ich behaupten, dass es ausschließlich die Mitarbeiter sind, die für liederliche Arbeitsbedingungen und Stress verantwortlich sind. Ganz im Gegenteil: Arbeitnehmer und -geber sind *zu gleichen Teilen* daran schuld. Zahlreiche betriebliche Faktoren beeinflussen, wie »wohl« sich die Mitarbeiter fühlen. Ob Unternehmenskultur, Führungsstil, Ablauf- und Aufbauorganisation, ob ergonomische Gestaltung der Arbeitsplätze, Arbeitszeitregelungen oder Entlohnungssystem – mit etlichen Maßnahmen ließe sich die obige »Horrorliste« zusammenstreichen.

Doch es ist nicht nur die Pflicht der Unternehmen, dafür zu sorgen, dass die Beschäftigten jeden Tag mit einem breiten Grinsen durchs Werktor schreiten, sondern es ist dies die Aufgabe von jedem Einzelnen. Die Berufsberaterin Uta Glaubitz bringt es treffend auf den Punkt, wenn sie sagt: »Die, die am lautesten Burn-out schreien, [haben] die grundlegenden Regeln der Arbeitswelt nicht verstanden. Denn wenn sie sich überfordert fühlen, muss das ja nicht unbedingt ein Fehler ihres Chefs sein. [. . .] Ein großer Fehler solcher Burn-out-Fans ist, sich aufs Äußere und auf die anderen zu fixieren: Der Chef ist gemein, der Leistungsdruck viel zu hoch, der Arbeitsmarkt ungerecht. Eine ordentliche Analyse aber beginnt immer bei einem selbst: Was ist mein eigener Anteil an der Sache?«

Genau darum geht es – um den eigenen Anteil. Wer sein Stressniveau reduzieren, wer entspannter leben und arbeiten will, sollte – bevor er mit dem Finger auf andere zeigt – sich zunächst selbst prüfen, wie es um seine Selbstorganisation bestellt ist, wie häufig er/sie Missverständnisse aufklären muss und wie oft er/sie in Konflikte verwickelt ist. Dabei ist zu beachten, dass traditionelles Zeitmanagement nur eine begrenzte Wirksamkeit besitzt. Denn: Obwohl wir unser Leben simplifyen, um mehr Zeit für das Wesentliche zu haben, und hart daran arbeiten, die Vier-Stunden-Woche zu erreichen, erzielen wir nur geringe Fortschritte.

Ich kenne genügend Menschen, die sich genauso strikt

an die Empfehlungen des klassischen Zeitmanagements halten wie die nordkoreanische Kim-Dynastie an das kommunistische Manifest und die dennoch über Stress klagen. Anders ausgedrückt: Selbst eine optimale Selbstorganisation ist kein Garant für ein stressfreies, entspanntes Leben beziehungsweise Arbeiten. Es gilt, auch den eigenen Kommunikationsstil zu verbessern, sein Konfliktverhalten zu ändern und seine Einstellung zur Arbeit und zum Leben zu hinterfragen.

Wer über gute Kommunikationsfähigkeiten verfügt, wer sich klar ausdrückt, der vermeidet Missverständnisse und Zeitverluste. Wer aufmerksam zuhören kann und die Motive seines Gegenübers kennt, der verhindert oft unnötige Konflikte, spart Zeit und hat folglich weniger Stress. Und wer weiß, dass er selbst am Ruder seines Lebens steht, der wird viel eher die Dinge anpacken, die ihn belasten.

So geht es im Folgenden genau um diese Themen, also Selbstorganisation, Kommunikation, Konfliktmanagement – und um Techniken, mit denen Sie Ihre Einstellung ändern können. Sie haben es in der Hand!

Abkürzungs-Trick: Lächeln Sie öfters mal

Dem dänisch-amerikanischen Pianisten und Komödianten Victor Borge wird der Ausspruch zugeschrieben:

»Ein Lächeln ist die kürzeste Verbindung zwischen zwei Menschen.«

Nutzen Sie diese Abkürzung! Begrüßen Sie die Kollegen morgens nicht mit einem schnoddrigen »Moin«, sondern schenken Sie ihnen ein Lächeln. Eröffnen Sie die Sitzung nicht mit einem unbewegten Gesicht, sondern ziehen Sie Ihre Mundwinkel ein wenig nach oben. Lächeln Sie dem UPS-Boten zu, wenn er Ihnen ein Paket in die Hand drückt, und bedanken Sie sich mit einem Lächeln bei der Dame, die Ihnen in der Kantine an der Essensausgabe die Königsberger Klopse reicht.

Etliche seriöse Studien belegen zudem eine autosuggestive Wirkung des Lächelns. So hat der französische Psychologe Robert Soussignan nachgewiesen, dass selbst ein künstliches Lachen die Stimmung hebt. In seiner Studie mussten die Teilnehmer einen Stift auf unterschiedliche

Arten zwischen ihre Zähne nehmen. Einige mussten das Schreibgerät so halten, dass sie unfreiwillig lächelten. Anschließend mussten die Probanden Videos bewerten. Wer – aufgrund der Stifthaltung – gelächelt hatte, beurteilte die Filme weitaus besser, und zwar schlicht deswegen, weil er besser gelaunt war. Also: Lächeln Sie sich öfter mal selbst an, am besten gleich morgens, wenn Sie in den Spiegel schauen!

Aber passen Sie auf, dass Sie nicht zum Dauergrinser werden (müssen)! Denn wer auf der Arbeit gezwungen ist, permanent zu lächeln, ist besonders stressgefährdet, zumindest, wenn man einer Studie von Dieter Zapf (Universität Frankfurt) Glauben schenkt. Demnach sind Nonstop-Lächler – wie etwa Flugbegleiter, Verkäufer oder Call-Center-Beschäftigte – in hohem Maße anfällig für Depressionen und Burn-out. Es geht also – wie so oft – um das rechte Maß.

Abstinenz-Prinzip: Nutzen Sie nicht alle Informationen, die Sie bekommen können

Es ist Mittagsessenszeit, Sie warten in der Schlange des Mitarbeiterrestaurants und überlegen derweil, was Sie sich auf den Teller geben lassen: Sollen Sie Currywurst mit Pommes, den Grünkohlbratling oder den Pichelsteiner Eintopf nehmen? Wie treffen Sie Ihre Entscheidung? Googeln Sie auf Ihrem Smartphone die Nährwertangaben der zur Auswahl stehenden Gerichte? Sprechen Sie mit den gleichfalls anstehenden Kollegen über die Vorzüge der einzelnen Speisen? Fragen Sie die freundliche Dame hinter dem Tresen, ob die Currywurst von einem glücklichen Rind aus dem Allgäu stammt, das täglich mindestens eine halbe Stunde massiert wurde? Oder entscheiden Sie sich einfach nach dem Lustprinzip? Ich jedenfalls wähle spontan.

Nur weil uns so viele Informationen zur Verfügung stehen, müssen wir sie doch nicht alle verarbeiten. Dazu ein Vergleich: Wenn Sie einen Kasten Bier zu Hause haben, dann pumpen Sie den ja auch nicht an einem Abend weg, nur weil er da ist. Da üben Sie sich – so nehme ich doch an – in Abstinenz und gönnen sich ein oder zwei Flaschen, aber nicht gleich den kompletten Kasten.

Nun ist es so, dass wir oftmals in einfach strukturierten, überschaubaren Entscheidungssituationen viel zu viel Zeit mit der Informationsbeschaffung und -bewertung vergeuden – wir saufen den ganzen Kasten leer. Doch all die Daten und Fakten, die wir konsumieren, verunsichern uns mehr, als dass sie zur Erhellung beitragen. So haben wir nicht nur Zeit vergeudet, sondern haben auch die Qualität unserer Entscheidung nicht verbessert. Denken Sie also das nächste Mal, wenn Sie eine vergleichsweise banale Entscheidung zu treffen haben, an das Abstinenz-Prinzip: **Ziehen Sie nur so viele Informationen zu Rate, wie unbedingt erforderlich sind.** Betrachten Sie Informationen als hochprozentigen Alkohol. Ein kleiner Schluck davon hat positive Wirkungen – zu viel benebelt die Sinne. Ertränken Sie Ihren gesunden Menschenverstand nicht in Informationsalkohol!

Machen Sie es lieber so wie ein Geschäftspartner von mir: Herr K. ist Kreativberater und führt in seinem Geldbeutel stets eine Münze mit sich – eine besondere Münze.

Auf der einen Seite steht »ja«, auf der anderen »nein«. Wenn Herr K. zwischen zwei Varianten wählen kann, dann zückt er seine Münze, wirft sie und setzt das um, was die Münze ihm sagt. Wenn er beispielsweise für einen Kunden ein Konzept entwickelt und nicht weiß, ob er Alternative A oder B ins Rennen schicken soll, dann fragt er sich »Soll ich A vorschlagen?«. Wenn die Münze »Ja« zeigt, dann macht er es auch; wenn nicht, dann kommt B zum Zuge. Ich finde: Das ist clever!

Agent-K-Motto: Fragen Sie nicht immer nach

Es ist ein trüber Herbstsonntagnachmittag. Unsere Kinder, Niklas und Klara, bedrängen meine Frau und mich, eine DVD einzulegen. Ich hätte zwar lieber in meinem spannenden Krimi weitergelesen, aber was tut man nicht alles für den Nachwuchs. Dafür darf ich dann auch bestimmen, welchen Film wir schauen. Ich entscheide mich für *Men in Black III,* schließlich habe ich schon die ersten beiden Teile mit den skurrilen Außerirdischen gesehen und herzhaft darüber gelacht. So nun auch wieder in der dritten Fortsetzung.

Während der Abspann läuft, diskutieren wir über den Film. Niklas war vom bösen »Boris, die Bestie«, der aus einem Alien-Hochsicherheitsgefängnis auf dem Mond ausbricht, besonders beeindruckt. Klara haben vor allem die flotten Sprüche von Agent J (Will Smith) gefallen. Und ich? Ich fand eine Stelle am Ende des Films äußerst bemerkenswert, nämlich als der Alien-Jäger Agent K, der von Tommy Lee Jones gespielt wird, seinem Kollegen den Rat gibt:

»Stelle keine Fragen, auf die du die Antwort nicht wissen willst.«

Während ich das so sage, erschließt sich mir erst die wahre Dimension dieses Ausspruchs. Wie recht Agent K doch hat und wie viel Substanz in diesem scheinbar so lapidaren Satz steckt! Manchmal kann es einfach besser sein, den Dingen nicht auf den Grund zu gehen, sondern eine Situation so zu akzeptieren, wie sie ist.

Aufgepasst: Dies stellt keine Aufforderung zum Fatalismus oder zur Verdrängung dar. Es geht vielmehr darum, abzuwägen, ob einem die Antwort beziehungsweise detaillierte Angaben in irgendeiner Form helfen.

Wenn sich beispielsweise ein Liefertermin verzögert, ist es zunächst völlig unwichtig, in Erfahrung zu bringen, weshalb es zur Verzögerung kam. Viel bedeutsamer ist es, den Kunden zu besänftigen. Anstatt also nach den Gründen zu fahnden, sollten Sie Ihre Zeit und Energie besser in die Suche nach Lösungen investieren. Wohlgemerkt gilt diese Empfehlung nur, wenn es sich um eine einmalige Situation handelt und die Ursache unerheblich ist. Treten Fehler oder Versäumnisse jedoch vermehrt auf, wäre es fatal, das Agent-K-Prinzip anzuwenden.

Das Agent-K-Prinzip kann man noch viel weiter fassen: Bin ich wirklich bereit, die Konsequenzen zu (er)tragen, die sich aus einer möglicherweise negativen Antwort ergeben, oder beschäftige ich mich lieber nicht mit dem Thema? In der Medizin ist das unter dem »Nocebo-Effekt« bekannt. Patienten, die die Nebenwirkungen eines Medikaments nicht kennen, erkranken auch viel seltener daran als diejenigen, die sich detailliert damit beschäftigt haben.

Viel einfacher drückt der Volksmund den Zusammenhang aus:

»Was ich nicht weiß, macht mich nicht heiß.«

Dazu ein Beispiel aus meiner Arbeit: Hin und wieder kommt es vor, dass ein Student um die Verschiebung des Termins für eine Präsentation bittet. Normalerweise ist dies nur aus triftigen Gründen möglich. Ich habe mir jedoch abgewöhnt zu fragen, warum der Termin verlegt werden muss. Ich weiß genau, dass in den meisten Fällen mangelndes Zeitmanagement die Ursache ist. Aber warum soll ich mich auf weitschweifige Erklärungen einlassen, einen ewig langen E-Mail-Verkehr pflegen, wenn es mir letztlich egal ist. Ich frage also nicht nach und gestatte einfach die Verschiebung des Termins.

Airbus A340-Check: Werfen Sie unnötigen Ballast über Bord

Neulich habe ich mal wieder *Galileo* mit den Kindern geschaut. Für diejenigen unter Ihnen, die diese Sendung nicht kennen: Das ist ein Wissensmagazin für die ganze Familie, in dem verschiedenste Themen auf anschaulich-unterhaltsame Weise erklärt werden. Da geht es zum Beispiel um die fettigsten Würste der Welt, die skurrilsten Führerscheinprüfungen auf unserem Planeten und Ähnlichkeiten zwischen Schweinen und Menschen.

Als ich nun vor dem Fernseher saß, lief eine Reportage, die mich besonders interessierte. Unter dem Titel »Flugzeug-Inventur« wurde gezeigt, wie ein Airbus A340 der Lufthansa am Frankfurter Flughafen systematisch auf überflüssige Ausstattungsgegenstände hin untersucht wurde. Denn: Jedes Kilogramm, das ein Flieger transportiert, erhöht den Kerosinverbrauch und kostet damit die Fluggesellschaft Geld.

Was wurde da nicht alles zu Tage gefördert: mehr Kleiderbügel, als Passagiere an Bord gehen, Klopapierrollen, die für eine Reise zum Mond reichen würden, Tomatensaft entsprechend dem Jahresbedarf einer deutschen Kleinstadt, meterweise gedruckte Handbücher für die Piloten, obwohl diese längst elektronisch auf Tablet-Computern vorhanden sind, und eine Menge weiterer Ballast – über eine halbe Tonne Überflüssiges konnte so identifiziert werden. Hochgerechnet auf die ganze Flotte, kann die Lufthansa pro Jahr so fast zwei Millionen Euro sparen.

Klar, Sie sind keine Fluggesellschaft und es mag kein monetäres Einsparpotenzial für Sie geben, allerdings profitieren Sie in mentaler Hinsicht, wenn Sie sich von Unnötigem trennen. Ich meine das jetzt ganz konkret und spreche nicht von belastenden Beziehungen, unnötigen Aufgaben oder Ähnlichem. Wer seinen Arbeitsplatz (und seine Wohnung) von all dem befreit, was nicht wirklich gebraucht wird, verschafft sich Platz. Das physische Entrümpeln hat eine unmittelbare Wirkung auf die Psyche – wir fühlen uns einfach befreit.

Nehmen Sie sich einen Nachmittag frei und durchkämmen Sie Ihr Büro/Ihre Wohnung nach

- **redundanten Sachen:** Wieso benötigen Sie zwei Locher, drei Lineale und vier neongelbe Leuchtmarker?
- **kaputten Sachen:** Das Handy von 2002 mit dem zer-

brochenen Display gehört auf den Wertstoffhof und nicht in Ihre Schublade.

- **alten/ausgedienten Sachen:** Die Bedienungsanleitung für den Nadeldrucker, den Sie vor zwölf Jahren aussortiert haben, brauchen Sie sicher nicht mehr.

Übrigens: Wer solche systematischen Entrümpelungsaktionen scheut, dem empfehle ich die »Sackhüpfen-Methode«.

ALDI-Methode: Vereinfachen Sie alles, was geht

Niklas und Klara schaffen es problemlos, pro Tag einen Liter Milch zu konsumieren. Ich hatte mir schon überlegt, eine eigene Kuh anzuschaffen, den Gedanken dann aber wieder verworfen. Folglich beziehe ich unsere Milch weiterhin kartonweise. In der Regel fahre ich einmal im Monat zu ALDI, um unsere Grundnahrungsmittel – Nudeln, Cornflakes, Gummibärchen und eben Milch – in größeren Mengen zu erstehen. Und immer wieder aufs Neue erstaunt mich die gnadenlose Effizienz, die man dort vorfindet.

ALDI ist – ebenso wie seine Epigonen – mit einer verblüffend simplen Strategie erfolgreich geworden, nämlich mit einer bewussten Beschränkung des Sortiments, mit einer spartanischen Präsentation der Waren, also mit dem Verzicht auf jeglichen »Schnick-Schnack«. Klar, unter Einkaufserlebnis versteht man etwas anderes. Auch mag man gegenüber der Personalpolitik von Discountern kritisch eingestellt sein. Doch das ist nicht unser Thema, vielmehr die Philosophie, die hinter dem ALDI-Geschäftsmodell steht und die für jeden Büroarbeiter ebenfalls eine empfehlenswerte Maxime ist: **KISS**, Keep it simple, stupid! Halte es einfach!

In Architektur, Kunst und Design findet dieser Grundsatz im Minimalismus seinen Niederschlag. Das passende Zitat liefert der französische Schriftsteller Antoine de Saint-Exupéry:

»Perfektion ist nicht dann erreicht,
wenn man nichts mehr hinzufügen,
sondern wenn man nichts mehr weglassen kann.«

Weglassen, vereinfachen, reduzieren – dies sind also die Imperative, um die es uns hier geht. Jedoch: Nicht alles lässt sich simplifizieren. Es gibt genügend komplexe Sachverhalte, die nicht oder kaum vereinfacht werden können und die man nicht banalisieren darf. Allerdings machen wir uns das Leben oft genug schwer, indem wir Triviales verkomplizieren und uns sowie anderen dadurch eine Menge wertvolle Zeit stehlen.

Hier eine (sicherlich unvollständige) Liste mit Bereichen, in denen Sie das ALDI-Prinzip anwenden können.

Die Leitfrage lautet stets:
»Was kann ich bei XY vereinfachen?«

- Ablagesystem
- Arbeitsabläufe/Prozesse
- Arbeitsmittel
- Gestaltung/Layout von Dokumenten/Präsentationen
- Sprache
- Zuständigkeiten/Verantwortlichkeiten

Gestatten Sie mir zum Punkt »Sprache« noch ein paar erklärende Sätze: Was verbirgt sich wohl hinter »zum gegenwärtigen Zeitpunkt«? Wie wäre es mit »jetzt«? »Zur Beantwortung Ihres oben genannten Schreibens teilt Ihnen der Unterzeichner mit, dass die von Ihnen beantragte Fristverlängerung nicht gewährt werden kann.« Komplizierter geht's nicht mehr. Wenn man eine Antwort verfasst, hat man wohl den zugrunde liegenden Brief erhalten. Wer ist denn der Unterzeichner? Traut sich da jemand nicht von »ich« zu sprechen? So schreibt man einfach: »Leider kann ich die Frist nicht verlängern.«

Angela-Merkel-Prinzip: Handeln Sie auch mal bewusst nicht

Unsere Bundeskanzlerin ist für eine Eigenschaft besonders bekannt: Sie kann in schwierigen Situationen erstaunlich ausdauernd – wenn man es böse meint: stur – sein. Die *t.a.z.* überschrieb einen Kommentar mit »Merkel hat das Kohl'sche Aussitzen perfektioniert – Sieg des Stoizismus«. Das deutlich weiter rechts angesiedelte Magazin *Focus* verlieh der Kanzlerin gar den Titel »Meisterin im Aussitzen«.

Konzentrieren wir uns auf den positiven Aspekt des Aussitzens: Manchmal kann es ratsam sein, in einer problematischen Situation bewusst nicht zu handeln oder eine unliebsame Aufgabe einfach nicht zu erledigen. Dazu fällt mir ein Sprichwort ein:

»Die Zeit heilt alle Wunden.«

Ich interpretiere diese Redensart umfassender, als man dies allgemein tut, nämlich so: Vieles erledigt sich von selbst, wenn man nur lange genug wartet. Vielleicht kennen Sie das: Sie sammeln Fachartikel, die Sie unbedingt lesen wollen, wozu Sie aber jetzt nicht die Zeit haben. Ein halbes Jahr später sehen Sie den Stapel durch und sagen zu sich »Och, doch nicht so wichtig – ab in den Papierkorb.« Ein anderes Beispiel: In Ihrem Büro wird heftig darüber diskutiert, wie lange das Fenster zum Lüften geöffnet bleiben soll. Sie wenden das Angela-Merkel-Prinzip an und denken sich: »Bald wird es ohnedies Winter, und keiner will mehr das Fenster kippen.«

Interpretieren Sie das Angela-Merkel-Prinzip bitte nicht falsch. Dieses ist keinesfalls eine Aufforderung zur Arbeitsverweigerung. Vielmehr steht das Angela-Merkel-Prinzip für eine unaufgeregte Geisteshaltung und für die Empfehlung, sich dem Impuls zum sofortigen Handeln zu widersetzen und erst einmal abzuwarten. Die Kunst besteht freilich darin, zu erkennen, wann ein unmittelbares Eingreifen erforderlich ist und wann sich Abwarten lohnt. So viel ist auf jeden Fall klar: Nicht immer muss man sofort reagieren und in hektischen Aktionismus ausbrechen – Geduld kann eine lohnende Alternative sein!

Anti-Arschloch-Regel: Gehen Sie unangenehmen Zeitgenossen aus dem Weg

Ganz schön derb, der Name dieser Regel. Ich habe lange überlegt, ob ich sie tatsächlich so benennen soll, und habe mich letztlich dazu entschlossen, es zu tun, und zwar, weil die Regel auch im Original so lautet. Sie stammt von dem US-amerikanischen Management-Professor Robert I. Sutton, der ihr ein ganzes Buch gewidmet hat. In seinem internationalen Bestseller »Der Arschloch-Faktor« – den ich Ihnen wärmstens zur Lektüre empfehlen kann – zeigt Sutton anhand einer Fülle von Beispielen, wie sehr uns Wichtigtuer, Tyrannen und Egomanen das Büroleben zur Hölle machen können. Konkret nennt Sutton folgende Strategien – er spricht vom »dreckigen Dutzend«, die Arschlöcher verfolgen:

Das dreckige Dutzend:
Von Arschlöchern häufig benutzte Strategien

1. Persönliche Beleidigung
2. Verletzung der Privatsphäre
3. Unaufgeforderter körperlicher Kontakt
4. Verbale und nonverbale Einschüchterungen und Drohgebärden

5. Als »sarkastische« Witze und Hänseleien getarnte Beleidigungen
6. E-Mail Hassattacken
7. Angriffe auf den Status des Opfers
8. Öffentliche Demütigungen oder auf »Statusminderung« abzielende Rituale
9. Rüdes Unterbrechen
10. Janusköpfige Attacken
11. Bewusstes Anstarren
12. Leute wie Luft behandeln

Verkürzt gesagt, empfiehlt Sutton, sich von solchen Typen (er nennt sie »amtliche Arschlöcher«) fernzuhalten, wann immer es geht. Ich halte die Anti-Arschloch-Regel für eine der besten Empfehlungen überhaupt. Warum? Zum einen, weil man sich einfach schlecht fühlt, wenn man mies behandelt wird. Und zum anderen, weil solche negativen Interaktionen langfristig verheerende Auswirkungen haben.

Nach der Begegnung mit einem Idioten ist die Stimmung für den Rest des Tages dahin, man kann sich kaum auf die eigentliche Arbeit konzentrieren, und man neigt viel eher dazu, sich selbst wie ein Depp zu verhalten – am Arbeitsplatz und im Privatleben. Deshalb: **Gehen Sie Arschlöchern aus dem Weg!** Wenn das nicht möglich ist und Sie das Zusammenarbeiten mit dem Ekel/den Ekeln über die Maßen belastet, dann bleibt nur ein Ausweg: Wechseln Sie den Arbeitsplatz, schlimmstenfalls auch den Arbeitgeber.

Apollo-11-Regel: Nutzen Sie Checklisten und Formulare

Wir waren vor ein paar Jahren in Florida und haben dort das Kennedy-Space-Center in Cape Canaveral besichtigt. Dort sind allerhand Erinnerungsstücke ausgestellt, die die Astronauten der verschiedenen Apollo-Missionen verwendet haben – unter anderem auch Checklisten zur Startvorbereitung. Die Crew in der Rakete hatte zahlreiche Aufgaben zu erledigen und kritische Parameter zu prüfen, bevor es schließlich mit fast 9000 Kilometern pro Stunde mondwärts ging.

Checklisten sind nicht nur in der Raumfahrt ein fantastisches Instrument zur Arbeitserleichterung. Mit ihnen lassen sich Abläufe klar beschreiben und Tätigkeiten dokumentieren. Die Gefahr, dass einzelne Schritte vergessen werden, sinkt drastisch, wenn man Checklisten nutzt. Checklisten können sogar lebensrettend sein – so ging in Testkrankenhäusern seit dem Einsatz der einseitigen Sicherheits-Checkliste der Weltgesundheitsorganisation die Zahl der Todesfälle bei Operationen um 40 Prozent zurück.

Sofern Ihre Arbeit aus wiederkehrenden, komplexen Abläufen besteht, sollten Sie dafür Checklisten entwickeln. Egal, ob es um die Organisation einer Kundenveranstaltung, die Planung des Weihnachtskartenversands oder den Messeaufbau geht – wer Checklisten schreibt und nutzt, erleichtert sich die Arbeit enorm.

Dazu ein Beispiel aus meiner Arbeit als Wirtschaftsredakteur: der Auszug aus einer Checkliste, die ich verwende, wenn ich eine Rede anlässlich einer Vertriebstagung zu schreiben habe.

Beispiel für eine Checkliste:
»Rede Vertriebstagung«

- ❐ Für Anstrengungen der vergangenen Zeit danken
- ❐ Erfolge besonders aktiver Händler/Vertriebsmitarbeiter würdigen
- ❐ Über aktuelle Entwicklungen berichten
- ❐ Erläutern, wie die kurz-, mittel- und langfristige Marktentwicklung aussieht
- ❐ Pläne für die Zukunft schildern
- ❐ Konkrete, quantifizierte Ziele (Umsatz, Ertrag, Rentabilität) für das laufende/nächste Jahr nennen
- ❐ Von aktuellen Problemen und Erfolgen des Innendienstes berichten
- ❐ ...

Ähnlich wie Checklisten sind auch Formulare ein wirkungsvolles Mittel, um Abläufe zu strukturieren und effizient zu arbeiten. Nein, hier ertönt nicht der Ruf nach mehr Bürokratie. Gemeint sind Formulare mit einem konkreten Nutzen für Ihre Arbeit, zum Beispiel, um Gespräche mit Kollegen, Lieferanten, Kunden, Redaktionen oder Agenturen festzuhalten oder um einen Artikel, einen Brief oder eine Rede zu verfassen oder um eine Besprechung vorzubereiten. Auch hierzu ein Beispiel aus meiner Arbeit – ein Formular, das ich für das Konzipieren von Reden entworfen habe.

Beispiel für ein Formular »Reden konzipieren«

Auftraggeber | Vortragende	
Datum Briefing	
Deadline Fertigstellung	
Arbeitstitel	
Was ist das Umfeld?	
Wie lautet das Motto oder Thema der Tagung?	
Wann und wo ist der Vortrag?	
Wie lang soll der Vortrag sein?	
Welche Redner werden noch sprechen?	
Welche Tonalität ist angebracht?	
Sollen oder müssen Folien erstellt werden?	
Wie viele Zuhörer werden es sein?	
Wer wird anwesend sein?	
Wird die Presse zugegen sein?	
Muss eine Pressemitteilung erstellt werden?	
Wird der Redetext verteilt, gibt es einen Tagungsband?	
Wer ist die Zielgruppe?	
Was soll mit der Rede erreicht werden?	
Gibt es Fettnäpfchen?	
Gibt es Aspekte, die unbedingt erwähnt werden müssen?	
Wer ist in welcher Reihenfolge zu begrüßen?	

Aufzug-Regel: Erkennen Sie Warnsignale für Überlastung

In deutschen Aufzügen – vermutlich ist es auch in anderen Ländern so – muss in den Kabinen ein Hinweis angebracht sein, wie hoch die maximale Traglast ist. Moderne Aufzüge setzen sich gar nicht erst in Bewegung, wenn diese überschritten ist.

Wäre es nicht toll, wenn wir Menschen auch so eine eingebaute Warnfunktion hätten? Nun, dem ist nicht so, weshalb wir uns immer wieder daran erinnern sollten, dass wir uns nicht mehr zumuten dürfen, als wir tragen können. Die in den letzten Jahren rapide gestiegene Anzahl von Burn-out-Fällen zeigt allerdings, dass es vielen Arbeitnehmern wohl sehr schwerfällt, rechtzeitig die Reißleine zu ziehen. Deshalb habe ich eine Liste mit möglichen Warnsignalen erstellt. Wenn Sie die Aufstellung durchgehen, beachten Sie bitte, dass man sorgfältig unterscheiden muss zwischen einer vorübergehenden »Unlustphase« und einem länger anhaltenden Zustand des Ausgebranntseins. Das »Maximalgewicht« ist erreicht, wenn mehrere Faktoren aus allen drei Bereichen über einen längeren Zeitraum und häufig bzw. wiederholt auftreten, nicht jedoch, wenn gelegentlich einer der Punkte vorübergehend zutrifft.

Diese Checkliste erhebt keinerlei medizinischen Anspruch und ersetzt selbstverständlich nicht ein fundiertes Gespräch mit einem Arzt oder Therapeuten – sie soll lediglich als erster Selbsttest dienen und gegebenenfalls den Anstoß dazu liefern, professionelle Unterstützung zu suchen.

Warnsignale für Überlastung

Körperliche Warnsignale

- Erschöpfung, Müdigkeit
- Konzentrationsstörungen
- Kopfschmerzen
- Störende Hörgeräusche/Tinnitus
- Magenschmerzen
- Nacken- und Schulterverspannungen
- Schlaflosigkeit
- Keine Lust auf Sex

Emotionale/psychische Warnsignale

- Mit Widerwillen zur Arbeit gehen
- Zweifel an den eigenen Fähigkeiten
- Gefühl, dass einem alles über den Kopf wächst
- Gefühl, leer und antriebslos zu sein
- Gefühl, fremdbestimmt zu sein
- Gefühl, ständig in »Alarmbereitschaft« zu sein
- Gefühl der inneren Unruhe
- Gefühl, nicht mehr so kreativ/schöpferisch zu sein
- Gefühl, dass die eigene Leistung am Arbeitsplatz nicht wahrgenommen oder anerkannt wird
- Gefühl, von Kollegen oft im Stich gelassen zu werden
- Immer wieder negative Gedanken, Vorstellungen, Selbstdialoge; Grübeln über sich selbst oder andere
- Begegnungen mit anderen (Kollegen, Kunden, Partnern, Kindern ...) werden als belastend empfunden
- Gefühl, sich nicht mehr entspannen zu können
- Unfähigkeit, sich an schönen Dingen erfreuen zu können

Soziale Warnsignale

- Freunde ziehen sich zurück – kaum noch Kontakte
- Partner und Kinder entfremden sich
- Leichte Reizbarkeit und Ungeduld
- Vermehrter Alkohol-/Nikotinkonsum
- Nervöse Bewegungen, wie etwa Hin- und Herrutschen auf dem Stuhl oder Fingertrommeln
- Häufige Beinahe-Unfälle oder Unfälle im Verkehr, Haushalt oder Sport

Auslands-Telefonat-Technik: Antworten Sie erst nach einer kurzen Pause

1987 durfte ich für ein Jahr als Austauschschüler in Adelaide (Australien) leben. Noch heute halte ich zu einer meiner drei Gastfamilien, die mich damals aufnahmen, regelmäßig Kontakt. Wenn ich mit meinen ehemaligen Gasteltern telefoniere, kommt es allerdings häufig zu minimalen Verzögerungen, sodass die Gefahr besteht, dass sich Rede und Gegenrede überlagern. Dies zwingt dazu, mit der eigenen Antwort etwas länger zu warten als üblich, damit das Gegenüber den kompletten Satz hört. Ich finde: Das ist eine Technik, die wir auch im Alltag, in persönlichen Gesprächen, ebenso wie bei Inlandstelefonaten anwenden sollten.

Versuchen Sie, bevor Sie eine Antwort geben oder etwas äußern, mindestens einmal langsam ein- und auszuatmen und währenddessen darüber nachzudenken, was Sie eigentlich sagen wollen. Mit diesem Trick werden Sie die Qualität Ihrer Aussagen sicherlich steigern. Zudem wird Sie Ihr Gesprächspartner als bedachten Menschen wahrnehmen.

Austern-Prinzip: Öffnen Sie sich gegenüber Ihren Mitmenschen

Im Berufsleben herrscht mitunter ein rauer Ton – sei es intern oder extern. Im Unternehmen konkurriert man mit den Kollegen um den Aufstieg, am Markt versucht man, sich gegen Wettbewerber durchzusetzen, und beim Lieferanten will man die besten Konditionen erzielen. Oft genug wird dann mit harten Bandagen gekämpft. Da verwundert es kaum, wenn sich viele Berufstätige einen dicken Panzer zulegen, um unverletzt aus diesen »Schlachten« hervorzugehen. Die Grundeinstellung ist dann misstrauisch-skeptisch: Wie eine Auster verschließt man sich und gibt nichts von sich preis; andere lässt man nicht an sich heran.

Diese Strategie schützt zweifelsfrei vor Enttäuschungen, verhindert gleichzeitig jedoch, dass konstruktive, vertrauensvolle Beziehungen entstehen. Im schlimmsten Fall führt hartnäckige Verschlossenheit zu Verbitterung und Feindseligkeit. Man begegnet seinem Umfeld ablehnend, wenn nicht gar feindlich. Das Schlimme daran: So wird ein Teufelskreis in Gang gesetzt! Denn, in aller Regel spiegeln Menschen das Verhalten ihres Gegenübers. Wenn uns jemand als abweisend erscheint, so werden wir uns kaum öffnen, womit wiederum die Grundannahme des Verschlossenen bestätigt wird.

Ich möchte nicht leugnen, dass es gelegentlich sinnvoll ist, sich zum Zwecke des Selbstschutzes mit einer Panzerweste auszurüsten, doch viel öfter sollten wir uns öffnen und unseren Mitmenschen vertrauensvoll begegnen. Die Auster macht es auch nicht anders – sie ist im »Normalbetrieb« geöffnet und verschließt die Schalen nur, wenn Gefahr droht. Wer grundsätzlich positiv von seinen Kollegen und Geschäftspartnern denkt, wer ihnen (zunächst) nichts Böses unterstellt, der hat die Chance, positive Erfahrungen zu machen.

Mehr als das: Wer anderen vertraut, wird selbst Vertrauen erfahren. Das ist für sich gesehen schon schön, noch wichtiger wirkt aber der zeitverkürzende und stresssenkende Effekt von Vertrauen. Wenn Menschen einander vertrauen, dann müssen sie keine Kontroll- und Sanktionsmechanismen errichten, sondern können sich auf das wirklich Wichtige konzentrieren.

Um Kritikern gleich den Wind aus den Segeln zu nehmen: Untersuchungen haben gezeigt, dass vertrauensvolle Menschen nicht öfter ausgenutzt oder übervorteilt werden als misstrauische Zeitgenossen. Deshalb: **Öffnen Sie sich, geben Sie anderen einen Vertrauensvorschuss und schließen Sie nur dann Ihre Schalen, wenn es gefährlich wird!**

Begräbnis-Übung: Erkennen Sie, was in Ihrem Leben wirklich wichtig ist

In dem lesenswerten Büchlein *100 Regeln für ein gutes Leben* von Richard Carlson habe ich ein sehr einfaches, wenngleich makabres Gedankenspiel entdeckt, nämlich die Aufforderung, sich sein eigenes Begräbnis auszumalen.

Stellen Sie sich den Moment vor, an dem Ihr Partner, Ihre Kinder, enge Freunde und andere Wegbegleiter am offenen Grab stehen – malen Sie sich aus, welche Trauerreden gehalten werden oder was beim Leichenschmaus über Sie erzählt wird. Wird es etwa heißen: »Er war ein gewissenhafter Buchhalter und fleißiger Mitarbeiter« oder: »Er war ein liebevoller Vater, der immer für uns da war«? Auch wenn die Vorstellung der eigenen Beerdigung nicht wirklich erbaulich ist, so kann sie Ihnen doch helfen, Ihr Leben komplett zu verändern.

Wie viele Menschen haben sich auf ihrem Sterbebett wohl schon gewünscht, mehr Zeit mit ihren Lieben statt im Büro verbracht zu haben? Wie viele haben es bereut, die Familie hintangestellt und den Job überbewertet zu haben? Durch die »Begräbnis-Übung« können Sie erkennen, was in Ihrem Leben bislang gut und was schlecht gelaufen ist. Sie werden herausfinden, was beziehungsweise wen Sie vernachlässigt haben und was wirklich wichtig ist. Und: Sie werden es JETZT ändern können!

Bierbauch-Gesetz: Setzen Sie sich Zeitobergrenzen für einzelne Aufgaben

Männer meines Alters (unter uns: Mitte 40) tragen meist ein Problem vor sich her: einen etwas zu dicken Bauch. Ob es biologische Degenerationserscheinungen sind oder tatsächlich ein mit den Jahren erhöhter Konsum von Weizen und Pils, sei einmal dahingestellt. Erstaunlich ist jedoch, dass sich die Taille genau in dem Maße dehnt, wie die darunter liegende Fettschicht Platz benötigt.

Ähnlich wie mit dem Bierbauch verhält es sich mit der Arbeit. Diese nimmt verblüffenderweise immer genau so viel Zeit in Anspruch, wie man dafür besitzt. Hat man viel Zeit, so braucht man für eine Aufgabe länger, hat man wenig, so wird der Job schneller erledigt. Bekannt gemacht hat diesen Zusammenhang der britische Soziologe Cyril Northcote Parkinson im Jahr 1955. Nach Beobachtungen der britischen Kolonialverwaltung in Malaysia stellte er sein sperriges »Gesetz des Bürokratiewachstums« auf, wonach sich Arbeit in genau dem Maß ausdehnt, wie Zeit für ihre Erledigung zur Verfügung steht – und nicht abhängig davon, wie komplex sie tatsächlich ist.

Ein in diesem Kontext häufig erwähntes Beispiel ist eine ältere Dame, die mehrere Stunden dafür benötigt, ihrer Freundin einen Geburtstagsgruß zu schreiben. Sie lässt sich Zeit mit der Auswahl der Glückwunschkarte, sucht umständlich ihre Brille und die Adresse, setzt mehrere Textentwürfe auf, schreibt schließlich die Karte und geht zur Post, um eine besonders schöne Briefmarke auszusuchen. Im Gegensatz dazu steht der junge Mann, der die gleiche Aufgabe in wenigen Minuten per E-Mail erledigt.

Welcher Schluss lässt sich aus dem Bierbauch-Gesetz ziehen? **Setzen Sie sich Zeitobergrenzen für einzelne Aufgaben!** Nehmen Sie sich vor, maximal drei Stunden in die Erstellung der Kundenpräsentation zu investieren. Begrenzen Sie die Dauer der Abteilungsbesprechung auf 90 Minuten. Widmen Sie der Lektüre des Fachmagazins nicht mehr als eine halbe Stunde.

Bilderrahmen-Paradoxon: Nehmen Sie eine andere Perspektive ein

Wir haben eine sehr schmale Garage. Das heißt: Wenn ich hinein- oder hinausfahren will, muss ich mich sehr konzentrieren, damit die Außenspiegel unversehrt bleiben. Das ist Zentimeterarbeit. Anfangs habe ich geflucht. So ein Ärgernis! Ich muss dringend aus dem Haus, und dann kann ich nur im Schneckentempo aus der Garage ausfahren. Doch dann erinnerte ich mich an eine Technik aus dem Konfliktmanagement, deren Anwendung immer dann besonders angebracht ist, wenn man die Ursache einer psychischen Belastung nicht abstellen kann.

Seitdem sehe ich das Ausfahren aus der Garage in einem ganz anderen Licht. Ich werde nämlich gezwungen, langsam zu machen, runterzukommen, Tempo zurückzunehmen. Ich versetze mich also in den Slow-Modus, bevor es auf die Straße geht. Das ist nicht nur bestens geeignet, um Unfälle zu vermeiden, sondern auch eine schöne Gelegenheit, für einen Moment innezuhalten. Kurz: Ich versuche die positiven Aspekte zu sehen.

Diese Technik wird auch Reframing, Neurahmung oder Referenztransformation genannt. Ähnlich wie ein Bilderrahmen entscheidend dafür sein kann, ob ein Kunstwerk dem Betrachter gefällt oder nicht, kann der Versuch, eine Situation in einem anderen Kontext (oder »Rahmen«) zu sehen, die Beurteilung maßgeblich verändern. Durch Umdeutung wird einer Situation oder einem Geschehen ein anderer Sinn zugewiesen, und zwar dadurch, dass man versucht, für ein problematisches Verhalten positive Erklärungen zu finden. Man sollte also nachvollziehbare Gründe für das Verhalten des Gegenübers beziehungsweise für eine verfahrene Situation suchen und dann auch entsprechend handeln. Dazu zwei Beispiele, damit klarer wird, was gemeint ist.

Beispiel 1: Die Forscher von 3M wollten ursprünglich einen Superkleber entwickeln. Doch das Ergebnis ihrer Bemühungen hatte genau die gegenteiligen Eigenschaften: Der Kleber war haftend und wieder ablösbar. Allerdings betrachtete man das nicht als Misserfolg. Der Rahmen wurde geändert. Man fragte sich: Wie kann dieser »Fehler« genutzt werden? Der Post-it-Zettel war geboren.

Beispiel 2: Kollege Müller ist nie kompromissbereit. Hartnäckig geht er seinen Weg und gerät dadurch oft in Konflikte. Statt sich ständig auf Auseinandersetzungen einzulassen, könnte man fragen: »Hat Hartnäckigkeit nicht auch Vorteile? Wo könnten wir Müller zu unserem Vorteil einsetzen?« So ist in manchen Projekten Beharrlichkeit und Ausdauer ein wichtiger Erfolgsfaktor.

Also: Versuchen Sie künftig, eine missliche Lage beziehungsweise negatives Verhalten umzudeuten!

Blinder-Fleck-Suche: Entsorgen Sie Gegenstände, die Sie nicht mehr brauchen

Neulich entdeckte ich in unserem Kühlschrank eine Flasche Wellness-Kräuter-Erfrischungsgetränk mit natürlichem Mineralwasser. Der Getränkehändler unseres Vertrauens hatte sie uns vor etwa einem halben Jahr zur Probe dagelassen. Ich hatte vom Gratismuster versucht und den Inhalt als abscheulich klassifiziert, es jedoch versäumt, das Gesöff wegzuschütten und die Flasche zurückzugeben. Erst jetzt ist sie mir wieder aufgefallen – ich habe sie sechs Monate nicht gesehen. So geht es uns doch oft! Wir nehmen Dinge, die keinen Sinn (mehr) haben, gar nicht wahr – sie befinden sich in unserem blinden Fleck. Warum dies so ist, vermag ich nicht zu erklären – sicherlich haben Psychologen dafür gute Theorien. Uns soll die Feststellung genügen, dass wir mit etlichen Zombies zusammenleben. Diese »Untoten« belagern Platz und sind Ballast für unser Unterbewusstsein. Weshalb sollten wir etwas aufheben, was wir definitiv nicht mehr benötigen? Glauben Sie mir: Es ist ungemein befreiend, solche lebenden Leichen einzusammeln und sich von ihnen zu trennen!

Begeben Sie sich einmal systematisch auf die Jagd nach Gegenständen, die Sie nicht mehr brauchen. Suchen Sie Raum für Raum nach Gegenständen ab, die sich in Ihrem blinden Fleck befinden! Sie werden erstaunt sein, was Sie da alles zutage fördern. So habe ich mir neulich beispielsweise unsere Musikecke vorgenommen und dabei unter anderem Kinderliederbücher für Dreijährige entdeckt. Die benötigen wir mit mittlerweile pubertierenden Teenies bestimmt nicht mehr.

Boris-Becker-Technik: Stellen Sie bei Angriffen eine Gegenfrage

Boris Becker ist heute für vieles bekannt – für seine Beziehungen, seine Eskapaden, seine geschäftlichen Misserfolge. Fast schon in Vergessenheit geraten ist, wie es der Leimener zu so beachtlicher Berühmtheit brachte. Als damals jüngster Spieler und erster Deutscher gewann er 1985 das Tennisturnier von Wimbledon. Über Jahre hinweg beherrschte Becker das Welttennis. Berüchtigt bei seinen Gegnern waren sein kraftvolles Serve-Volley-Spiel und sein moderner Aufschlag. Mit seinem »Becker-Hecht« beförderte er schwierigste Bälle zurück ins Spiel, und mit seinem »Becker-Blocker« holte er etliche Punktgewinne.

Der »Becker-Blocker« ist ein ansatzloser Rückhand-Return und soll uns hier als Anregung für eine Verteidigungstechnik dienen, die wir einsetzen können, wenn wir verbal attackiert werden. Ob bei einem Vortrag, im Verhandlungsgespräch oder bei der halbjährlichen Strategietagung: Oft werden unsere Vorschläge – aus welchen Gründen auch immer – unsachlich angegriffen, indem uns unterstellt wird, diese könnten doch gar nicht funktionieren. Meistens ist man dann nicht schlagfertig genug, um eine passende Antwort zu liefern. Stattdessen stammeln wir herum und reden uns um Kopf und Kragen. Mit der Boris-Becker-Technik schlagen wir den Vorwurf zurück zum Gegner.

Wie das geht? Stellen Sie einfach eine Gegenfrage!

Angenommen, Sie unterbreiten bei der wöchentlichen Abteilungskonferenz den Vorschlag, die Betreuung von Kunde Hofhammer zukünftig personell zusammenzufassen, damit es nicht mehr zu Doppelarbeiten kommt; daraufhin lässt Ihr Kollege die versammelte Mannschaft wissen: »So ein Quatsch, damit vermeiden wir keine Redundanzen.« In ruhigem Ton wenden Sie sich nun Ihrem Kollegen zu und fragen ihn: »Wie würden Sie es denn machen?« Die Wahrscheinlichkeit ist groß, dass Sie zunächst ein verblüfftes Schweigen ernten und später von diesem Kollegen nicht mehr leichtfertig und unqualifiziert angegriffen werden.

Boxsack-Methode: Lassen Sie Ihrem Ärger Luft

Es gibt so manche Tage, an denen alles, aber auch wirklich alles schiefläuft. Irgendwann ist dann der Punkt erreicht, wo Sie bei der nächstbesten kleinen Störung oder Abweichung zu explodieren drohen und zu einer echten Gefahr werden. Dann helfen keine der in diesem Buch vorgestellten Entspannungstechniken mehr. In solchen Situationen kann es sehr hilfreich (für Sie und Ihr Umfeld) sein, wenn Sie sofort den Ort des Geschehens verlassen und Ihrem Ärger freien Lauf lassen. Sobald Sie Ihre Aggressionen ausgelebt haben, dürfte Ihr Erregungsniveau wieder so weit gesunken sein, dass Sie mit Ihrer eigentlichen Tätigkeit weitermachen können.

Nicht, dass Sie mich missverstehen: Körperliche Gewalt gegen Sachen und erst recht gegen Menschen ist nie eine Lösung. In diesem Sinne sind die in unten stehendem Kasten genannten Maßnahmen lediglich als »Überdruckventil« zu verstehen und nicht als Aufforderung, sich aggressiv zu verhalten.

Möglichkeiten, wie Sie Ihren Ärger – ohne Schaden für andere – ablassen können:

- Gehen Sie an einen unbeobachteten Platz und führen Sie einen Kampf mit einem imaginären, von der Decke hängenden Boxsack aus, bis Sie sich besser fühlen.
- Funktionieren Sie ein unschuldiges Sofakissen zum Sündenbock um und drangsalieren Sie es nach Lust und Laune. Schütteln Sie anschließend das Kissen wieder aus und entschuldigen Sie sich bei ihm.
- Setzen Sie sich in Ihr Auto und fahren Sie an einen Ort, an dem Sie allein sind. Nun dürfen Sie – bei abgestelltem Motor – so laut schreien und toben, bis es Ihnen besser geht.
- Schnappen Sie sich Ihre Joggingschuhe und rennen Sie, als ob Sie einem Staubsauger-Vertreter entkommen müssten.
- Suchen Sie eine alte Zeitung und zerreißen Sie sie Blatt für Blatt, so kräftig Sie können.

Bumerang-Axiom: Seien Sie freundlich

Die »Goldene Regel« besagt:

> *»Was du nicht willst, das man dir tu,*
> *das füg auch keinem anderen zu.«*

Dieser bereits in der Bibel und Tora genannte Grundsatz gilt nicht nur in negativer Hinsicht, sondern auch in positiver. Also: Das, was wir von anderen verlangen – nämlich, freundlich, aufgeschlossen, anerkennend ... uns gegenüber zu sein –, sollten wir selbst ebenso praktizieren. Im konfuzianischen »Buch von Mitte und Maß« (3. Jahrhundert) heißt es:

»Was du von deinem Sohn erwartest, übe im Dienst am Vater; was du von deinen Untergebenen erwartest, übe im Dienst am Prinzen; was du vom jüngeren Bruder erwartest, übe am älteren Bruder; was du vom Freund erwartest, danach behandle diesen zuerst.«

Freundlich zu seinen Mitmenschen zu sein ist ein in allen Weltreligionen verankerter Grundsatz und ein philosophisch häufig gefordertes Postulat. Zugegebenermaßen lässt sich der Zusammenhang zum entspannten Arbeiten so noch nicht erkennen. Wohl aber, wenn wir uns der Soziologie zuwenden. Dort haben Forscher nämlich das Reziprozitätsprinzip oder »Prinzip der Gegenseitigkeit« aufgestellt. Was kompliziert klingt, ist einfach zu erklären. Wenn man uns etwas gibt, egal, ob etwas Materielles oder etwas Immaterielles (zum Beispiel, wenn uns der Kollege ein Lob ausspricht), dann haben psychisch normale Menschen das Bedürfnis, diese Gabe in ähnlicher Weise zu erwidern.

Das kennen Sie doch – es ist ein doofes Gefühl, an Weihnachten etwas geschenkt zu bekommen, ohne etwas im Gegenzug überreichen zu können. Auf dieser Erkenntnis baut übrigens eine ganze Branche auf. Es gäbe keine Werbemittelindustrie ohne das Reziprozitätsprinzip. Für den Plastikkugelschreiber schließen wir glatt eine Lebensversicherung ab.

Spieltheoretiker nennen das die »Tit-for-tat-Regel«. Im Deutschen drücken wir das mit der Redewendung »wie du mir, so ich dir« aus. Im Zusammenhang mit unserem Thema heißt das: Wenn ich unfreundlich zu einem anderen – Kollegen, Mitarbeiter, Vorgesetzten, Kunden, Lieferanten ... – bin, dann ist der andere auch unfreundlich zu mir. Auch das Gegenteil gilt. Behandle ich andere freundlich, so werde auch ich höchstwahrscheinlich Freundlichkeit erfahren.

Bildlich ausgedrückt: Freundlichkeit ist wie ein Bumerang – sie kehrt immer wieder zu dem zurück, der sie »weggeworfen« hat. Wie man in den Wald hineinruft, so schallt es eben heraus.

So wird nun also ein Schuh daraus: Wenn ich freundlich bin, wenn ich anderen Anerkennung zeige, wenn ich mich bedanke, dann wird mein Gegenüber voraussichtlich entsprechend nett reagieren, was mich wiederum erfreut und etwas entspannter werden lässt. Denn das ist ein zutiefst menschliches Bedürfnis: anerkannt zu werden, Bestätigung und Wertschätzung zu erfahren. Wer oft gelobt wird, ist glücklicher als jemand, dem selten auf die Schulter geklopft wird.

Aus einem weiteren Grund verhilft uns freundliches Verhalten zu mehr Freude im Job. Man fühlt sich einfach gut, wenn man anderen etwas Gutes getan hat. Dafür gibt es verschiedenste Erklärungen. Psychologen führen Belohnungstheorien an, Gehirnforscher die sogenannten »Spiegelneuronen« und Sozialwissenschaftler sowie Ethnologen die evolutorische Notwendigkeit von Altruismus und Kooperation. Wie auch immer, sicherlich haben Sie oft genug auch schon die Erfahrung gemacht, dass es ein ziemlich schönes Gefühl ist, wenn wir nett zu jemandem waren oder ihm einen Gefallen erwiesen haben. Anders formuliert: Helfen tut auch dem Helfenden gut.

Zusammengefasst: Wenn Sie Freundlichkeit empfangen wollen, dann schenken Sie Freundlichkeit. Das heißt: **Seien Sie höflich, aufmerksam, zuvorkommend und mitfühlend.**

Chamäleon-Effekt: Spiegeln Sie die Körpersprache und Gestik Ihres Gegenübers

Ich bin kein Freund manipulativer Methoden. Insofern habe ich mich gefragt, ob ich Ihnen die folgende »Technik« überhaupt vorstellen soll. Nach reiflicher Überlegung bin ich zu dem Schluss gekommen, dass dies vertretbar ist. Worum geht es? Menschen, die einander mögen, neigen dazu, ihre Gesprächspartner unbewusst nachzuahmen. Diese Art der sozialen Mimikry ist in der Psychologie als »Chamäleon-Effekt« oder »Spiegeltechnik« bekannt. Das können Sie ganz einfach selbst überprüfen. Setzen Sie sich dazu einfach in ein Restaurant und beobachten Sie die Leute an den anderen Tischen (ohne natürlich deren Gespräche zu belauschen). Dort, wo die Atmosphäre harmonisch ist, werden Sie sehen können, dass die Gesprächspartner ganz ähnliche Gesten verwenden. Wenn sich der eine an der Nase kratzt, tut es der andere kurz darauf auch; hat der eine seine Beine über Kreuz geschlagen, wird es mit großer Wahrscheinlichkeit beim anderen ebenso sein.

Den Chamäleon-Effekt können Sie auch ganz bewusst einsetzen, wenn Sie eine angenehme(re) Gesprächsatmosphäre aufbauen und bessere Resultate erzielen wollen. **Spiegeln Sie die Körpersprache und Mimik Ihres Gesprächspartners.** Sicherlich ist Ihnen klar, dass dies weder plump noch dauerhaft geschehen sollte, sondern lediglich moderat und auch nur, wenn eine gewisse Grundsympathie zwischen Ihnen und Ihrem Gegenüber existiert.

Chefkoch-Grundsatz: Verwenden Sie hochwertiges Arbeitsgerät

Ich kenne den Chefkoch eines noblen Restaurants. Klaus – so sein Name – verrät mir hin und wieder einen seiner Kochtipps. Das sind nicht nur Hinweise, wie Bratkartoffeln garantiert nicht anhängen oder woran eine frische Seezunge zu erkennen ist, sondern ich erhalte auch eher generelle Empfehlungen. Eine der besten, die mir Klaus je gab, ist diese: »**Verwende stets Zutaten und Arbeitsutensilien bester Qualität.**« Klaus riet mir zum Beispiel, lieber zwei Wochen lang auf Fleisch zu verzichten, um mir ein Rinderfilet vom Bio-Metzger gönnen zu können, statt zwei Mal die Woche Würstchen und Steaks vom Discounter zu konsumieren. Oder er riet mir dazu, meine neunteilige Messersammlung aus dem Kaufhaus zu entsorgen und dafür lediglich zwei hochwertige japanische Messer zu erwerben – diese würden völlig ausreichen und ein Leben lang halten.

Wie recht Klaus doch hat! Wie oft habe ich mich schon geärgert, weil ich dachte, ein Schnäppchen gemacht zu haben, nur um kurz darauf festzustellen, dass der niedrige

Preis hochgradig mit der Qualität korreliert – die war nämlich dann meist auch ziemlich unterirdisch.

Egal, ob Locher, Leuchtstift oder Lineal – die Arbeitsgeräte und -utensilien, mit denen Sie regelmäßig zugange sind beziehungsweise die Sie häufig einsetzen, sollten von erstklassiger Güte sein. Das ist keineswegs eine arrogant-snobistische Empfehlung, sondern pures betriebswirtschaftliches Denken. Die Lebensdauer hochwertiger Güter ist in aller Regel deutlich länger und die damit fabrizierten Ergebnisse sind besser. Nicht umsonst hat unsere Großvater-Generation noch gewusst: »Wir sind zu arm, um billig einzukaufen.«

CIA-Checkliste: Definieren Sie Ihr Problem genau

Während meines Studiums war ich als Werkstudent im Qualitätswesen eines kleinen Unternehmens aus der Chemiebranche beschäftigt. Meine Aufgabe damals (1992/93) bestand darin, ein Qualitätsmanagement-System nach ISO 9001 einzuführen. Da ich selbst kaum Ahnung von diesem Themengebiet hatte, wurde ich erst einmal zu einer Intensiv-Schulung geschickt. Teil der Ausbildung waren Methoden zur Problemanalyse und -lösung. Vom Dozenten bekamen wir die »CIA-Checkliste« ausgeteilt.

Der Trainer behauptete, die Agenten des US-amerikanischen Auslandsnachrichtendienstes, der Central Intelligence Agency (CIA), würden diese Checkliste nutzen, um ein Problem aus verschiedenen Blickwinkeln zu betrachten. Unabhängig davon, ob's stimmt: Ich habe die Liste schon oft bei beruflichen Problemen genutzt und möchte sie Ihnen gern weiterreichen.

Phönix-Checkliste zur Problemanalyse/-lösung

- Warum ist es notwendig, dass wir das Problem lösen?
- Welchen Nutzen bringt uns die Lösung des Problems?
- Was ist uns bekannt?
- Was verstehen wir bisher nicht?
- Welche Informationen liegen uns vor?
- Was ist **nicht** das Problem?
- Sind die Informationen ausreichend? Sind sie ungenügend? Sind sie redundant? Sind sie widersprüchlich?
- Können wir das Problem grafisch beschreiben? Lässt es sich quantifizieren?
- Lässt sich das Problem in Teilprobleme zerlegen?
- Wie hängen die Teilprobleme zusammen?
- Welches sind die beeinflussbaren Größen des Problems?
- Haben wir dieses Problem vorher schon einmal gesehen?
- Haben wir ein ähnliches Problem vorher schon einmal gesehen?
- Kennen wir damit zusammenhängende Probleme?
- Gibt es ein bekanntes Problem mit denselben, unbekannten Größen?
- Wenn es ein verwandtes Problem gibt, das wir schon gelöst haben: Können wir die Lösung für unser jetziges Problem verwenden? Können wir die gleiche Methodik anwenden?
- Können wir unser Problem umformulieren? Auf wie viele verschiedene Arten können wir es beschreiben? Lässt es sich generalisieren oder spezifizieren?

Cockpit-Maxime: Halten Sie Ihren Arbeitsplatz stets aufgeräumt

Das Cockpit – der Arbeitsplatz von Piloten – ist bis ins Detail ergonomisch gestaltet; so sind beispielsweise wichtige Instrumente und Schalter in Griffnähe/Augenhöhe angeordnet. Auch wenn Laien der Anblick eines Cockpits eher verwirrt, so können sich Piloten doch nahezu blind darin zurechtfinden. Gleiches sollte für Ihren Arbeitsplatz zutreffen. Ordnung heißt die Maxime.

Ordentlich zu sein hat nichts mit Pedanterie oder Perfektionismus zu tun, sondern ist eine Grundbedingung für professionelles und entspanntes Arbeiten. Mehr als das: Die äußere Ordnung ist Voraussetzung für innere Ordnung und damit für Zufriedenheit und Leistungsfähigkeit, denn sie ist nicht nur ein Abbild unserer inneren Ordnung, sondern beeinflusst diese auch maßgeblich. Eine Umgebung, die unordentlich und ungemütlich wirkt, in der alles, was herumliegt, den Aufkleber »zu erledigen« zu tragen scheint, in einer solchen Umgebung fällt es schwer, sich auf die wirklich entscheidenden Dinge zu konzentrieren und entspannt an Aufgaben heranzugehen. Eine solche Umgebung macht unausgeglichen und verursacht Stress. Ordentliche Menschen hingegen steigern ihr Wohlbefinden und sparen viel Zeit, die sie dann anderweitig nutzen können.

So befindet sich auf meinem Schreibtisch außer meinem Laptop, einer Blumenvase und einer Lampe: nichts! Wobei, das stimmt nicht ganz: Hin und wieder belagert unser Kater Don die Schreibtischplatte, aber das wollen wir jetzt mal nicht gelten lassen.

Zahlreiche konkrete Empfehlungen können das Cockpit-Prinzip präzisieren – stellvertretend für viele Tipps habe ich die **sieben wichtigsten Schreibtisch-Gebote** zusammengetragen.

Die sieben wichtigsten Schreibtisch-Gebote

1. Schaffen Sie eine freie Arbeitsfläche von mindestens 40 mal 60 Zentimetern, das entspricht etwa der Fläche eines DIN A3 Blattes.
2. Nur der Vorgang, der gerade bearbeitet wird, sollte auf dem Schreibtisch liegen.
3. Alle wichtigen und häufig benutzten Arbeitsutensilien (Stifte, Textmarker, Schere, Locher) gehören in Griffnähe – alle anderen in Schubladen.

4. Richten Sie für jedes Arbeitsutensil und jedes Ablageelement (wie Ordner oder Mappen) einen festen Platz ein. Bringen Sie den Gegenstand nach jeder Benutzung wieder an seinen Platz. Je häufiger Sie einen Gegenstand benötigen, desto näher sollten Sie ihn an Ihrem Arbeitsplatz aufbewahren.
5. Legen Sie sich einen Posteingangskorb zu – und leeren Sie ihn jeden Tag.
6. Kaufen Sie sich einen großen Papierkorb und benutzen Sie ihn häufig. Nichts ist so wertvoll für einen leeren Schreibtisch wie die »runde Ablage«.
7. Verlassen Sie Ihren Schreibtisch abends so, als ob Sie zwei Wochen in den Urlaub gehen würden – und zwar jeden Tag, ohne Ausnahme.

Diät-Methode: Überlegen Sie, auf welche (Informations-)Medien Sie verzichten können

Ich habe das große Glück, oft in den Urlaub fahren zu können. Bis vor ein paar Jahren hatte ich es mir zur Regel gemacht, sämtliche Fachzeitschriften und Zeitungen, die sich während meiner Abwesenheit angesammelt hatten, innerhalb der ersten Woche nach meiner Rückkehr zu lesen, selbst wenn ich dafür bis tief in die Nacht aufbleiben musste. Und heute? Nehme ich am ersten Arbeitstag nach dem Urlaub alle aufgelaufenen Publikationen und übergebe sie emotionslos dem Papierkorb. Wissen Sie was? Ich habe bislang noch keine einzige Situation erlebt, in der mir dieses Verhalten Nachteile verschafft hätte.

Aufgrund dieser Erfahrungen bin ich sogar noch einen Schritt weiter gegangen. Ich habe mir auch für den Alltag eine Informationsdiät verordnet. Ich habe mehrere Abonnements gekündigt, habe kategorisch sämtliche Newsletter abbestellt, lese die überregionale Zeitung nur noch am Wochenende, schaue so gut wie nie TV-Nachrichten und höre im Auto kein Radio, sondern meine Lieblingsmusik auf dem mp3-Player oder Podcasts. Seitdem fühle ich mich wie befreit. Ich handle nach dem Grundsatz des

US-amerikanischen Schriftstellers Ralph Waldo Emerson (1803–1882):

»Es gibt viele Dinge, die ein kluger Mann nicht wissen will.«

Es ist nun keineswegs so, dass ich zur Informationsverweigerung aufrufe. Gerade in meinem Beruf als Hochschullehrer und Wirtschaftsredakteur ist es unerlässlich, sich über neue Entwicklungen zu informieren, auf dem Laufenden zu bleiben und sich durch die Gedanken anderer inspirieren zu lassen. In vielen anderen Jobs ist es ähnlich. Wovor ich jedoch warne, ist ein unüberlegtes Hineinstopfen aller verfügbaren Informationsangebote. Mit der Informationsaufnahme ist es nämlich wie mit dem Essen: Mehr muss nicht unbedingt besser sein. Es kommt auf die Qualität und nicht die Quantität an. **Machen Sie deshalb eine Informations-Diät und überlegen Sie, auf welche Medien Sie verzichten könnten, welche Publikationen wirklich wichtig für Sie oder Ihre Arbeit sind.** Der Begriff »Diät« bedeutet ja nicht Verzicht oder Reduzierung, sondern eine bewusste Auswahl.

Dinner-for-One-Rezept: Bauen Sie Rituale in Ihren Alltag ein

Was machen zahlreiche öffentliche TV-Sender am Silvesterabend? Sie strahlen den Klassiker *Dinner for One* aus, weil sie genau wissen, dass für viele Deutsche die Komödie um Miss Sophie zum Jahreswechsel gehört wie Böller,

Bleigießen und Sekt. Für meine Mutter beispielsweise wäre der 31. Dezember ohne Butler James und Tigerfell nicht vorstellbar – es ist ihr festes Ritual, die letzten Stunden des Jahres mit diesem Sketch-Klassiker einzuleiten.

Und damit sind wir beim Thema: Rituale! In seinem sehr lesenswerten Büchlein *Vom Zauber der Rituale* schreibt Jörg Zirfas: »Rituale bringen Vergangenheit in die Gegenwart und lassen diese zugleich als Zukunft erfahrbar werden.« Aber, was ist eigentlich ein Ritual? Ganz allgemein gesprochen: eine nach bestimmten Regeln ablaufende Handlung. Wir sprechen hier nicht von kirchlichen, gesellschaftlichen oder familiären Ritualen – wie etwa dem Ablauf des Weihnachtsabends –, sondern von persönlichen Ritualen. Der eine beginnt seinen Arbeitstag stets damit, den Ficus mit Wasser zu besprühen, der andere gönnt sich jeden Tag um Punkt 10 Uhr einen Cappuccino, und wieder ein anderer geht bei jedem Wetter nach dem Mittagessen einmal um den Block spazieren.

Man mag über solche Rituale lächeln, man mag sie als Marotten oder sogar als schräge Angewohnheiten bezeichnen – doch damit verkennt man die positiven Wirkungen, die solche Handlungen für den Ausführenden haben. Denn Rituale geben Struktur, sie schaffen Ordnung und sind Leuchtfeuer im chaotischen Alltag. Rituale helfen uns zu entschleunigen – sie sind Parkplätze entlang der hektischen Autobahn des Lebens.

Deshalb: **Bauen Sie Rituale in Ihren Arbeitsalltag ein** – sei es die ausgiebige Morgendusche, der Genuss einer Tasse Kräutertee in der Frühstückspause oder die Lektüre des Fußballmagazins beim Vesper.

Domino-Doktrin: Fangen Sie mit der Veränderung an

Wenn ich auf dem Nachhauseweg von der Vorlesung im Feierabendstau stecke, mache ich oft folgendes Experiment: Obwohl ich mich auf der Vorfahrtsstraße befinde, lasse ich den Fahrer aus der Seitenstraße einfädeln. Zumeist ernte ich dafür einen netten Gruß per Handzeichen. Nun beobachte ich den Fahrer vor mir genau. Mit einer Wahrscheinlichkeit von nahezu 100 Prozent lässt sie oder er bei der nächsten Gelegenheit ebenfalls einem nichtvorfahrtberechtigten Auto den Vortritt.

Dieses Prinzip gilt nicht nur im Straßenverkehr, sondern in nahezu allen Lebensbereichen: Wenn Sie sich verändern, wird es Ihr Gegenüber/Ihr Umfeld oftmals auch tun. Daraus folgt: Wenn Sie eine bestimmte Verhaltensweise bei Ihren Kollegen oder Mitarbeitern vermissen, dann sollten Sie mit gutem Beispiel vorangehen und diese selbst zeigen. Es ist wie bei aufgebauten Domino-Steinen: Fällt einer um, fallen alle weiteren ebenfalls, wobei »fallen« hier natürlich im positiven Sinn zu verstehen ist.

Auf den Punkt gebracht: Stellen Sie sich vor, Sie wären der erste Dominostein: Ändern Sie sich, dann wird sich auch Ihr Umfeld ändern! Oder um es ein wenig pathetischer mit Mahatma Gandhi zu sagen:

»Be the change
you want to see in the world!«
»Sei du der Wandel,
den du (in der Welt) sehen möchtest!«

Drei-Viertel-Regel: Sorgen Sie bei Verbrauchsmaterialien rechtzeitig für Ersatz

Ist es Ihnen auch schon so ergangen? Sie wollen die wichtige Kundenpräsentation für den gleich beginnenden Workshop ausdrucken, müssen aber feststellen, dass die Cyan-Farbpatrone Ihres Druckers restlos leer ist und Sie keinen Ersatz parat haben. Und die Büromaterialausgabe hat auch schon geschlossen. Das ist ärgerlich und hätte nicht sein müssen, wenn Sie die Drei-Viertel-Regel befolgt hätten. Diese besagt, **dass Sie stets dann, wenn ein Verbrauchsmaterial zu 75 Prozent aufgebraucht ist, Ersatz beschaffen sollten.** Egal, ob Druckerpatronen, Briefumschläge oder Bleistifte – Sie geraten nicht in Verlegenheit, wenn Sie rechtzeitig für Nachschub sorgen.

Die Drei-Viertel-Regel lässt sich auch auf Ordnungssysteme anwenden. Hier gilt der Grundsatz: Wenn ein Ordner, eine Hängemappe, ein Stehsammler ... zu 75 Prozent gefüllt ist, sollten Sie einen neuen Ordner, Hängemappe oder Stehsammler anlegen beziehungsweise den alten ausmisten, denn jedes Ordnungssystem wird umso schwerer handhabbar, je voller es ist.

Dr.-Jekyll-und-Mr.-Hyde-Syndrom: Machen Sie Termine mit sich selbst aus

In der bekannten Novelle des schottischen Schriftstellers Robert Louis Stevenson aus dem Jahr 1886 möchte der gutmütige Arzt Dr. Jekyll die Doppelnatur des Menschen ergründen. Mit Hilfe eines Elixiers gelingt es ihm, die böse

Seite seines Wesens abzutrennen. Als furchteinflößender Edward Hyde verübt dieser Doppelgänger etliche Missetaten.

Der seltsame Fall des Dr. Jekyll und Mr. Hyde wurde fast hundert Mal verfilmt und ist auch heute noch allgemein bekannt, thematisiert er doch ein uraltes menschliches Phänomen, nämlich das der unterschiedlichen Persönlichkeiten in einem Menschen. Keine Angst: Ich will nicht zu einem psychologischen Exkurs ansetzen, sondern Sie dazu auffordern, regelmäßig Dr. Jekyll und Mr. Hyde zu spielen. Stellen Sie sich vor, Sie wären zwei Personen, die sich mal in Ruhe treffen wollten! Nein, dies ist keine Aufforderung, schizophren zu werden, sondern eine ernstgemeinte Empfehlung. Wie oft verplanen wir den ganzen Tag mit Besprechungen, Telefonkonferenzen, Abteilungstreffen, Jour fixes ... und haben keine Zeit zum eigentlichen Arbeiten, geschweige denn zum Nachdenken.

Dieses Dilemma können Sie – zumindest ein wenig – beseitigen, wenn Sie sich täglich oder mehrmals in der Woche »Termine mit mir« in den Kalender eintragen. Selbstredend müssen diese »Zusammentreffen« die gleiche Priorität genießen wie eine unaufschiebbare Kundenbesprechung. Wenn Sie diese Disziplin nicht aufbringen, werden Sie vermutlich recht bald Ihre Termine mit sich zugunsten anderer (spontaner) Verpflichtungen opfern.

Duden-Technik: Verwenden Sie eine positive Sprache

Gefrierschrank!

Als Sie gerade Gefrierschrank gelesen haben, wurde es Ihnen da ein wenig kalt? Wenn Sie wie die meisten Menschen reagieren, dann müsste sich ein kurzzeitiges Frösteln bemerkbar gemacht haben. Denn: Wörter/Begriffe sind im Gehirn oftmals mit bestimmten körperlichen Reaktionen verschaltet und können reale Körpergefühle auslösen. Was sich zunächst wie ein Eintrag im »Lexikon des unnützen Wissens« anhört, hat bei näherer Betrachtung eine hohe Bedeutung für das (Arbeits-)Leben. In unserem Denken verwenden wir nämlich nur zu häufig unbewusst negativ besetzte Wörter und wundern uns dann, wenn wir schlechte Laune haben, Stress empfinden oder tatsächlich körperliche Reaktionen wie Bauchschmerzen, Schwitzen, Unruhe oder Herzrasen verspüren.

Mein Ratschlag lautet daher: Erstellen Sie eine Liste mit Wörtern und Formulierungen, die bei Ihnen »ungute« Gefühle oder Stress auslösen. Überlegen Sie in einem zweiten Schritt, welche anderen Umschreibungen Sie verwenden könnten. Schauen Sie im Duden nach, welche Synonyme es gibt, oder versuchen Sie, positiv besetzte Begriffe zu finden. Ihrer Fantasie sind dabei keine Grenzen gesetzt!

Wem das zu abstrakt ist, dem möchte ich ein Beispiel aus meiner Arbeit geben. »Klausurkorrektur« war für mich stets negativ behaftet – es gibt einfach spannendere Beschäftigungen, als 74 Mal das mehr oder weniger Gleiche lesen zu müssen. Jetzt heißt »Klausurkorrektur« bei mir:

»Sesselarbeit«, denn für die Korrektur muss ich nicht am PC sitzen, sondern kann dies auf meinem bequemen Lesesessel, im Sommer sogar im Freien auf dem Gartenstuhl, erledigen. Damit hat »Klausurkorrektur« nun einen nicht mehr ganz so unangenehmen Klang für mich.

Eidechsen-Strategie: Lassen Sie sich von Ärger nicht auffressen

Es ist ein nasskalter Samstagnachmittag. Endlich haben wir mal die Zeit, Niklas' Zimmer aufzuräumen. Mit seinen dreizehn Jahren haben sich die Interessen gewandelt; statt mit Playmobil wird nun am PC gespielt, statt wie früher mit Lego gebaut, wird jetzt das soziale Netz geknüpft und gepflegt. Logisch, dass auch die Stapel an Kindermagazinen wie *Treff* und *Stafette* nichts mehr im Jugendzimmer zu suchen haben.

Bevor ich die Erinnerungen an Kindheitstage dem Papierkorb übergebe, blättere ich die Zeitschriften durch. In einer entdecke ich einen Artikel über Eidechsen. Beantwortet wird die Frage, weshalb Eidechsen ihren Schwanz abwerfen.

Die Kurzfassung: Wenn Greifvögel, Schlangen oder Marder eine Eidechse angreifen und am Hinterteil erwischen, wirft die Echse ihren Schwanz ab, der dann noch minutenlang weiterzuckt. Der Angreifer peilt das nicht und beschäftigt sich mit dem Endteil, während die Eidechse flüchtet und sich über die Blödheit des Aggressors amüsiert. Der Schwanz wird dabei übrigens nicht abgerissen, sondern die Echse trennt ihn durch ein Zusammenziehen der Muskeln an einer »Sollbruchstelle« bewusst ab. Der Schwanz wächst wieder nach, fällt in der Version 2.0 aber etwas kürzer aus.

Mir gefällt dieser Mechanismus. Oft geht es uns doch ähnlich. Da gibt es Themen, die uns angreifen und auffressen wollen – der machthungrige Kollege, der konfuse Chef oder das langweilige Projekt. Machen Sie in solchen Fällen eine Gedankenübung: Stellen Sie sich vor, Sie wären eine Eidechse. Lassen Sie den Kollegen, den Chef oder das Projekt nicht komplett Besitz von Ihnen ergreifen – geben Sie nur Ihren Schwanz her. Sagen Sie zu sich: »Klar, XY regt mich auf. Ich ärgere mich auch darüber. Aber ich lasse mich dadurch nicht vereinnahmen. Ich gebe nur einen kleinen, unbedeutenden Anteil von mir (»den Schwanz«) her. Der Schwanz soll sich mit den Problemen herumschlagen, ich erlaube jedoch nicht, dass mich das Problem auffrisst.«

Ein-Jahr-Frage: Nehmen Sie die kleinen Alltagsärgernisse nicht zu ernst

Wer im Wörterbuch nachschlägt, wird feststellen, dass Glück nur in der Einzahl existiert – wohl aber gibt es Unglücke. Und die stoßen uns im Alltag nur allzu häufig zu. Ich rede dabei nicht von Schicksalsschlägen wie etwa Todesfällen oder Entlassungen, sondern vom kleinen Alltagspech, wie zum Beispiel einer verpatzten Kundenpräsentation oder einem verpassten Zug. Ich vermute, dass uns allen solche Dinge mit gleicher Häufigkeit zustoßen.

Und doch gibt es große Unterschiede, wie wir darauf reagieren.

Wenn Sie sich gedanklich einmal im Familien-, Freundes- und Kollegenkreis umsehen, dann werden Sie sicherlich eine Menge Menschen benennen können, für die das Leben ein einziges Drama ist. Die Bluse hat einen Saucenfleck. O Gott! Die Tochter hat eine Fünf in der Mathearbeit. Wie tragisch! Der Kollege hat vergessen, die Monatszahlen rechtzeitig abzugeben. Furchtbar! Vielleicht sind Sie auch selbst solch ein Typ und verpassen alltäglichen Problemen den Status einer Katastrophe? Kein Wunder, wenn das Leben dann aus nichts als einer endlosen Reihe von Enttäuschungen, Missgeschicken, Unzulänglichkeiten und Ärgernissen zu bestehen scheint.

Doch, nüchtern betrachtet: Ist die Situation, die einen belastet, tatsächlich so dramatisch, wie sie gerade wahrgenommen wird? In aller Regel ist sie das nicht! Es geht um die Verhältnismäßigkeit. Dazu fällt mir ein Cartoon ein, den ich vor vielen Jahren entdeckt habe. Auf dem ersten Bild sieht man eine Zahnbürste, die sagt: »Ich habe den miesesten Job der Welt.« Auf dem zweiten Bild erkennt man ein Klopapierrolle, die nur ein lakonisches »Ach nee« von sich gibt. Es klingt ein bisschen sarkastisch, ist aber so nicht gemeint, wenn man sich daran erinnert, dass es immer jemanden gibt, der es noch schlechter erwischt hat als man selbst. Dazu muss man nur in die Nachrichten schauen oder einen Blick in die Zeitung werfen.

Verglichen mit wirklich weitreichenden und negativen Ereignissen wie etwa einem schlimmen Verkehrsunfall oder einer schweren Krankheit sind die meisten unserer täglichen Probleme absolute Nichtigkeiten. **Versuchen Sie**

deshalb, immer wieder die Verhältnismäßigkeit Ihrer Situation zu verstehen und entsprechend zu reagieren. Die einfache Frage »Werde ich in einem Jahr noch an dieses Ereignis denken, wird es mich dann noch belasten?« hilft auf wundersame Weise, den Stellenwert von Problemen zu erkennen. Sie glauben mir nicht, dass das funktioniert? Dann machen Sie die »Gegenprobe«: Nennen Sie doch bitte konkret, was Sie ganz genau vor einem Jahr aufgeregt hat! Das fällt Ihnen nicht mehr ein? Dann kann es wohl so tragisch nicht gewesen sein . . .

Einstein-Einsicht: Sehen Sie unschöne Erlebnisse als Lernmöglichkeit

Albert Einstein hat uns nicht nur seine Relativitätstheorie hinterlassen, sondern auch eine Reihe von Lebensweisheiten. Eine davon gefällt mir besonders gut. Sie lautet:

*»Es gibt keine andere vernünftige Erziehung
als Vorbild sein; wenn es nicht anders geht,
ein abschreckendes.«*

Wenn man diesen Gedanken weiterdenkt, dann heißt das auch: Wir können in jeder Situation etwas lernen. Selbst unangenehmen Erfahrungen lässt sich auf diese Weise noch ein positiver Aspekt abringen. Anders gewendet: »Jeder, mit dem du zusammentriffst, will dich etwas lehren, und sei es etwas Abschreckendes.«

Werden wir konkret: Angenommen Ihr Chef raunzt Sie unberechtigterweise an, Sie hätten einen Fehler in Ihrer

Kalkulation gemacht. Sie können sich nun darüber ärgern, oder Sie können sich denken: »Das Verhalten meines Vorgesetzten lehrt mich, es anders als er zu machen und immer darauf zu achten, andere fair zu behandeln. Danke für diese Lernmöglichkeit.«

Ein anderes Beispiel: Sie waren mal mutig und haben die Präsentation für den Kunden Schmidt völlig anders gestaltet – und sind damit grandios gescheitert. Okay, jetzt wissen Sie zumindest, dass diese Methode nicht funktioniert.

Ein-Tag-eine-Woche-ein-Monat-Regel: Üben Sie sich in moderater Disziplin

Neulich saßen wir mit zwei befreundeten Paaren aus der Nachbarschaft gemütlich bei einer Flasche Wein zusammen. Nachdem niemand mehr fahren musste, blieb es nicht bei einer Bouteille, sondern es wurden deren weitere entkorkt. Irgendwann, die Zungen waren schon etwas schwerer, kamen wir auf das Thema Alkoholkonsum im Alltag zu sprechen. Jeder am Tisch offenbarte seine Trinkgewohnheiten. Nein, wir sind keine Runde von Alkoholikern, wohl aber lieben wir alle einen guten Tropfen, und das nicht nur an hohen Festtagen.

Wein und Bier haben nun die unangenehme Angewohnheit, bei regelmäßiger Aufnahme zu Abhängigkeit zu führen. Dessen sind wir uns natürlich bewusst, und so diskutierten wir auch über die besten Gegenmittel, um nicht der Sucht zu verfallen. Besonders gut gefiel mir ein Ratschlag, den Dirk von seinem Hausarzt bekommen hatte. Der meinte nämlich, es sei schon okay, wenn man moderat Sauvignon blanc oder Rioja genösse, man solle aber alkoholfreie Zeiten einlegen, und zwar einen Tag pro Woche, eine Woche im Monat und einen Monat im Jahr.

Ohne die medizinische Wirksamkeit dieser Empfehlung beurteilen zu können, gefällt mir die Regel, da sie nicht absolutistisch daherkommt. Sie erlaubt mehr, als sie verbietet, zwingt dennoch zur Disziplin und erinnert spätestens nach sechs Tagen daran, sich mal wieder in Zurückhaltung zu üben. Ich finde, dass sich die Ein-Tag-eine-Woche-ein-Monat-Regel wunderbar auch für andere Genuss- und Suchtmittel sowie unschöne Eigenarten eignet, wie etwa das Naschen beim Fernsehen oder das Fingernägelkauen.

Inwiefern kann diese Regel zu einem entspannteren Leben beitragen? Indem wir bewusst solche »Pausen« einlegen, schärfen wir unsere Selbstwahrnehmung und üben uns in Disziplin – beides wichtige Voraussetzungen, um zum inneren Gleichgewicht zu finden.

Eishockey-Erfolgsrezept: Versuchen Sie, vorauszudenken

Seit vielen Jahren arbeite ich als Wirtschaftsredakteur für verschiedenste Kunden aus allerlei Branchen. In der Regel besteht meine Aufgabe darin, Texte zu überarbeiten – Pressemitteilungen, Flyer, Reden, Studien, Internettexte, Werbebriefe ... Sehr häufig fällt mir auf, dass sich meine Kunden zwar viele Gedanken über die Gestaltung und

Inhalte des jeweiligen Textes machen, aber selten den Prozess zu Ende denken.

Einmal wurde ich beispielsweise gebeten, den Fragebogen für eine Zufriedenheitsbefragung zu redigieren. Als ich wissen wollte, wie man gedenke, die Ergebnisse zu kommunizieren beziehungsweise auf die Antworten zu reagieren, erntete ich ein Schulterzucken. Was aber nun, wenn ein Befragter höchst unzufrieden ist und dies deutlich zum Ausdruck bringt? Sollte man nicht darauf eingehen und sich entschuldigen oder nachfragen, woran es lag?

Das ist symptomatisch! In bester Absicht beginnt man mit einer Aufgabe, ohne an den nächsten Schritt zu denken. Wer so verfährt, braucht in der Regel länger, um sein Ziel zu erreichen, wenn er es überhaupt schafft. Dazu passt ein Zitat der kanadischen Eishockey-Legende Wayne Gretzky, der einmal auf die Frage, worauf sein Erfolg gründet, geantwortet hat:

»Ich versuche nicht dort zu sein, wo der Puck ist, sondern ich versuche dort zu sein, wo der Puck als Nächstes sein wird.«

Ich denke, dies ist eine sehr sinnvolle Strategie, und zwar nicht nur auf der Eisfläche, sondern auch auf dem Laminatboden des Büros.

Endspurt-Syndrom: Seien Sie in der Schlussphase besonders aufmerksam

Ich bin extra eine Stunde früher losgefahren, um rechtzeitig zum Kundentermin einzutreffen. Trotz des miesen Wetters läuft es prima auf der Autobahn, und ich komme zügig voran. Ich werde noch eine Menge Zeit haben, bis die Besprechung beginnt. Da direkt gegenüber dem Kunden ein italienisches Café ist, weiß ich schon, wo ich mir die Wartezeit vertreiben werde. Soll ich eine Latte macchiato oder doch lieber einen Cappuccino bestellen? Ich freue mich schon sehr auf ein paar entspannte Momente beim Italiener. Und dann das! Nachdem ich über 300 Kilometer problemlos absolviert habe, taucht unvermittelt ein Stau vor mir auf. Mist! Nichts geht mehr. Stillstand. 17 Kilometer vor dem Ziel! Wird wohl nichts mit einer gemütlichen Kaffeepause.

Diese Episode – ich kam übrigens mehr als eine Stunde zu spät zum Kunden – erinnerte mich an das legendäre Champions-League-Finale 1999: FC Bayern München gegen Manchester United. Der deutsche Rekordmeister führte seit der sechsten Minute durch ein Tor von Mario Basler mit 1:0 und musste in der letzten Spielminute zwei Gegentore hinnehmen. Das ist bitter!

Ich bezeichne so etwas als das »Endspurt-Syndrom« – alles läuft bestens, du siehst quasi schon die Ziellinie, und dann kommt auf den letzten Metern noch was dazwischen. Gedanklich ist man schon auf Sieg, Erfolg – oder in meinem Fall: eine Pause beim Italiener – eingestellt, und dann löst sich alles auf wie Zucker im Kaffee. Zwar hat der entgangene Besuch beim Italiener keine seelischen Schäden bei mir zurückgelassen, mir aber wieder einmal in Erinnerung gerufen, dass man sich seiner Sache nie zu sicher sein sollte. Rechnen Sie immer damit, dass auch kurz vor Beendigung eines Projektes, eines Kundenauftrags, einer Bewerbung ... etwas schieflaufen kann.

Einen positiven Abschluss vor Augen, tendiert man dazu, in seiner Konzentration nachzulassen oder leichtsinnig zu werden und damit alle bisherigen Bemühungen zu gefährden. Die Lektion daraus: Schenken Sie insbesondere der Schlussphase volle Aufmerksamkeit und freuen Sie sich erst, wenn's wirklich geschafft ist.

Erdbeermarmeladen-Kniff: Lenken Sie sich in Stress-Situationen durch körperliche Arbeit ab

Ich kenne eine Grafikdesignerin, die für stressige Lebenslagen ein außergewöhnliches, wenngleich wirkungsvolles Gegenmittel gefunden hat. Vera schaltet – sobald sie keinen klaren Gedanken mehr fassen kann – ihren Computer aus, räumt die Unterlagen auf ihrem Schreibtisch zusammen und geht in die Küche. Sie macht dann Erdbeermarmelade. Oder sie kocht einen großen Topf Kartoffelsuppe. Mitunter bäckt sie auch einen Kuchen. Jedenfalls ist Vera nach zwei Stunden Küchenarbeit wieder so ausgeglichen, dass sie sich mit Ruhe und Konzentration ihrer eigentlichen Arbeit widmen kann.

Ich habe von Vera gelernt. Wenn's bei mir mal richtig hektisch ist, es mir einfach nicht gut geht oder ich partout keine zündenden Ideen habe, dann ziehe ich mir eine alte Hose an und mache mich im Garten zu schaffen, kehre die

Straße oder sauge mein Auto. **In stressigen, negativen oder konfliktgeladenen Situationen ist es oft sinnvoll, etwas völlig anderes, am besten etwas Handwerkliches zu tun.**

Wenn Sie nicht wie ich von zu Hause aus arbeiten und deshalb weder Garten- noch Küchenarbeit erledigen können, so suchen Sie sich am besten eine Beschäftigung im Büro, wie etwa die Schreibtischschublade aufräumen, das Bücherregal neu sortieren oder den Ordner »Kundenprojekte 2009« ausmisten. Entscheidend ist, dass Sie bei Ihrer Tätigkeit abgelenkt werden und danach ein physisches Ergebnis sehen.

Ernie-und-Bert-Frage: Fragen Sie nach den Motiven Ihres Gegenübers

Erinnern Sie sich noch an Ihre Kindheitstage? Wenn Sie diese ähnlich wie ich verbracht haben, dann gehörte die Sesamstraße mit dem Krümelmonster, Grobi, Ernie und Bert sicherlich auch zu den Höhepunkten in Ihren jungen Jahren. Noch heute habe ich die Melodie des Titelsongs im Ohr: »Wieso, weshalb, warum – wer nicht fragt, bleibt dumm!« An diese Liedzeile sollten wir uns auch im Erwachsenenalter immer wieder erinnern, denn sie beinhaltet eine der wichtigsten Empfehlungen für ein harmonisch-entspanntes Leben überhaupt, weshalb ich diesem Eintrag auch deutlich mehr Platz als den anderen Methoden gönne. Und damit gleich zur Sache: **Wir sollten öfter nach dem Warum fragen,** und zwar nicht so sehr, um neues Wissen zu erlangen, sondern vielmehr, um auf diese Weise Konflikte zu vermeiden oder schnell zu lösen und dadurch entspannter beziehungsweise zufriedener zu werden.

Zur Einleitung ein persönliches Erlebnis: Ein traumhaft schöner Tag im März. Es ist ungewöhnlich warm für die Jahreszeit. Logisch, dass es meine Tochter nicht im Haus hält. Freudig spielt Klara auf dem Rasen und genießt den ersten Frühlingstag des Jahres. Es dauert nicht lange, bis sie zu mir kommt und fragt, ob sie auf das Gartentrampolin dürfe. »Nein, Schatz, das geht nicht. Ich habe das Trampolin noch nicht sauber gemacht. Es ist ganz schmutzig, voller Blätter.« Sofort wechselt Klaras Stimmung; die Mundwinkel sinken bis zu den Knien, ihr Blick gibt mir zu verstehen, dass sie mich für den gefühllosesten Menschen auf Erden, den verständnislosesten Vater der Galaxie und für das spießigste Lebewesen des Universums hält. Das gibt mir zu denken. Ich frage mich: »Warum wäre es schlimm, wenn Klara auf das verdreckte Trampolin ginge?« Außer, dass ihre Jeans und ihr T-Shirt in die Waschmaschine müssten – was ohnedies heute Abend der Fall sein wird –, wären keine größeren Schäden zu befürchten. »Also, los, aufs Trampolin!« Die letzte Silbe habe ich noch nicht gesprochen, als Klara bereits auf dem Sprungtuch ist.

Fünf Buchstaben, W-A-R-U-M, haben Klara glücklich gemacht. Das wiederum hat mich erfreut. Die einfache Frage nach dem Warum kann uns in noch viel mehr Situationen zu einem zufriedeneren Leben verhelfen. Dieses banale Fragepronomen hat eine unglaublich positive Kraft. Bereits Dreijährige beherrschen – oftmals zum Leidwesen ihrer Eltern – die Kunst des Warum-Fragens: »Papa, warum können Flugzeuge fliegen und du nicht?« Aber im

Laufe der Jahre verlernen wir diese Fähigkeit. Viel zu selten nehmen wir im Erwachsenenalter das Wort »Warum« in den Mund. Täten wir es, könnte uns viel Streit, Leid und Ärger erspart bleiben. Wir kämen schneller auf Problemlösungen, würden mehr Ideen finden, hätten weniger Stress und wären glücklicher.

Lassen Sie mich erläutern, weshalb die Frage nach dem Warum so viel Gutes bewirken kann. Die Motivationspsychologie sagt, dass Menschen etwas tun, weil sie ganz bestimmte Gründe dafür haben. Oft genug kennen wir unsere Beweggründe aber selbst nicht. Und noch viel weniger wissen wir, warum andere etwas tun (oder auch lassen). Das hält uns aber nicht davon ab, das Handeln anderer zu beurteilen: »Der/die macht das nur, weil ...« Und genau deswegen kommt es häufig zu Streit.

Führende Konfliktexperten – ob Rogers, Rosenberg oder Fisher – sind sich einig: Die wichtigste Maßnahme, um Auseinandersetzungen zu verhindern beziehungsweise aufzulösen, liegt darin, die Motive des Gegenübers in Erfahrung zu bringen. Ja, es ist wirklich so einfach. Dennoch vergessen wir im Alltag nur zu häufig, nach dem Warum zu fragen. Stattdessen unterstellen wir oft böse Absichten. Wer sich jedoch die Mühe macht und versucht, die Bedürfnisse des anderen durch die banale Frage »Warum machst du das?« oder »Warum ist dir das wichtig?« in Erfahrung zu bringen, wird sicherlich oft genug überrascht feststellen, dass die Beweggründe völlig andere sind, als wir dachten. Der US-Amerikaner Stephen R. Covey, Professor und Autor von Selbsthilfe-Büchern, liefert in einem seiner Bücher dazu ein nachdenklich stimmendes Beispiel.

Der weltbekannte US-Autor fuhr einmal mit der U-Bahn. In dem Waggon tollten drei Kinder lautstark umher; der Vater saß teilnahmslos auf der Bank. Covey sprach den Mann an, warum er nichts unternehme, um seine Kinder zur Ruhe zu ermahnen. Der Vater entschuldigte sich und erklärte, dass er mit seinen Gedanken völlig weg war – gerade habe er erfahren, dass seine Frau unheilbar an Krebs erkrankt sei.

Bestimmt wird es Ihnen ebenso wie Covey und mir ergehen: Schlagartig ändert sich die Beurteilung von »der hat seine rücksichtslosen Kinder nicht im Griff« hin zu verständnisvoller Anteilnahme.

Das U-Bahn-Beispiel verdeutlicht, worauf die Frage nach dem Warum abzielt, nämlich auf das Bemühen, vorurteilsfrei auf andere zuzugehen und deren Verhalten nicht zu be- beziehungsweise verurteilen. Dies ist allerdings außerordentlich schwierig, neigen wir doch stets dazu, über andere zu richten. Der indische Philosoph Jiddu Krishnamurti (1895–1986) stellt deshalb völlig zu Recht fest:

»Die höchste Form menschlicher Intelligenz ist die Fähigkeit, zu beobachten, ohne zu bewerten.«

Die Schlussfolgerung aus diesem Zitat und den vorherigen Ausführungen lautet: Akzeptieren Sie, dass andere Menschen andere Einstellungen, Werte, Lebensmodelle ... haben. Machen Sie sich nicht zum Richter über andere! Dies fällt Ihnen womöglich leichter, wenn Sie sich bewusst machen, wie sehr wir uns beeinflussen und täuschen lassen. Die Rede ist von den sogenannten »Wahrnehmungsfiltern«. Mal abgesehen von rein biologischen »Schwächen« wie etwa schlechtes Hören oder Sehen, bezeichnen Wahrnehmungsfilter bestimmte psychologische Effekte, die dazu führen, dass wir Reize falsch interpretieren. Stellvertretend für zahlreiche Verzerrungen sei hier nur der »Halo-Effekt« erwähnt. Dieser besagt, dass ein erster positiver Eindruck, den ein anderer bei uns hinterlässt, alle weiteren Eindrücke in ein angenehmes Licht (»Heiligenschein«) taucht.

Nicht nur Wahrnehmungsfilter verfälschen das Bild, sondern auch wir selbst. Im Talmud heißt es:

*»Wir sehen die Dinge nicht, wie sie sind,
sondern wie wir sind.«*

Diese etwa 2000 Jahre alte Erkenntnis hat nichts von ihrem Wahrheitsgehalt eingebüßt: Unsere Gene, Erfahrungen, Erlebnisse, Einstellungen bestimmen unser Weltbild – jeder hat seinen persönlichen Wertekanon und Maßstab zur Beurteilung anderer. Aber: Ist dieser Maßstab tatsächlich allgemeingültig? Könnte nicht die Sicht anderer ebenso richtig sein? Oder könnte es gute, nachvollziehbare Gründe für das Handeln anderer Menschen geben? Das will uns der Spruch aus dem Talmud lehren: Anzuzweifeln, dass unser Urteil wirklich stimmt. Gehen Sie nie davon aus, dass Sie ein vollständiges, objektives, wahres Bild der Situation und Ihres Gegenübers haben!

Also: **Ermitteln Sie das Warum!** Warum tut ein anderer etwas? Sie können den anderen direkt fragen oder – was manchmal besser und einfacher ist – für sich selbst ergründen, weshalb der andere wohl so (re)agiert. Ihr Kollege hat heute schlechte Laune und schnauzt Sie an. Statt ebenso barsch zu antworten, könnten Sie innehalten: Hat er vielleicht gerade ein Kundenprojekt verloren, oder hat er Ärger mit seiner Frau? Das würde sein Verhalten erklären. Sie werden auf der Autobahn rechts überholt. Ist der Fahrer tatsächlich ein Verkehrsrowdy, oder muss er dringend zum Flughafen, um seinen Flug nicht zu verpassen?

In einer weiteren Hinsicht kann ein Warum scheinbar verfahrene Situationen zum Positiven wenden, nämlich, wenn es um die Lösung von Konflikten geht. Das wohl bekannteste Beispiel dazu liefert Roger Fischer in seinem Buch *Das Harvard-Konzept:* Zwei Töchter streiten um die einzige vorhandene Orange. Die Mutter entscheidet so, wie wir es wohl alle machen würden: Sie teilt die Frucht in zwei Hälften. Doch keines der Kinder ist wirklich zufrieden. Weshalb? Hätte die Mutter gefragt: »Warum wollt ihr die Orange haben?«, so hätte die eine Tochter vielleicht gesagt: »Ich möchte Orangensaft pressen«, und die andere hätte geantwortet: »Ich will einen Kuchen backen und benötige die Schale.« Zugegebenermaßen ist dies ein idealtypisches Beispiel. Nicht alle Probleme im Leben sind Orangen. Dennoch schadet es zumindest nicht, wenn man versucht, die Motive des anderen in Erfahrung zu bringen.

Die Frage nach dem Warum kann also helfen, viele konfliktträchtige Situationen zu entschärfen, gelassen zu werden und souverän-freundlich zu (re)agieren. Auch die Frage »Warum eigentlich nicht?« besitzt ein erstaunlich großes Potenzial, um Streit und Stress zu vermeiden. Wann immer Ihre Position, Ihre Meinung oder Ihr Wunsch mit dem Ihres Gegenübers kollidiert, sollten Sie prüfen: Warum machen wir es eigentlich nicht so, wie es der andere vorschlägt? Welchen Nachteil hätte ich davon? Natürlich bedeutet das nicht, dass man stets »Ja und Amen« sagen sollte, aber oftmals lohnt sich eine Auseinandersetzung gar nicht. Es geht ums Grundsätzliche: Möchte ich recht haben, oder möchte ich glücklich leben? Mal ehrlich: Wir investieren zu viel Zeit und Energie, um zu beweisen, dass wir im Recht und andere im Unrecht sind. Also: »Kämpfen« Sie nur dann um etwas, wenn es Ihnen wirklich wichtig ist.

Erster-Hemdknopf-Dilemma: Legen Sie besonders hohen Wert auf die Startphase eines Projektes

In einigen meiner Fächer müssen die Studierenden als Prüfungsleistung eine Präsentation halten. Die meisten machen das sehr gut, referieren souverän und treffen den Inhalt. Manche allerdings verfehlen das Thema. So hatte ich vor einiger Zeit eine Studentin, die einen Vortrag über das Thema »Mitarbeiter-Beschwerdemanagement-Systeme« halten musste. In den tristen Hörsaal, der seit den 1970er Jahren nicht renoviert worden war, brachte sie Farbe. Mühevoll gestaltete Folien, professionelle Animationen und ein locker-unterhaltsamer Stil zeichneten ihre Präsentation aus. Sowohl die anderen Studierenden als auch ich lauschten interessiert den Ausführungen. Und dennoch musste ich ihr eine Vier geben. Warum? Weil die junge Dame über »*Kunden*-Beschwerdemanagement-Systeme« gesprochen hatte und eben nicht über Systeme für *Mitarbeiter*. Schade!

Natürlich war die Studentin enttäuscht. Ich wollte von ihr wissen, wie sie so danebenliegen konnte. Sie berichtete mir, sie hätte ganz am Anfang, als sie ihr Thema erfuhr, unbewusst Kunden statt Mitarbeiter gelesen und dann dementsprechend recherchiert. Ich tröstete die Studentin und sagte ihr, dass sie zwar eine schlechte Note bekommen hätte, dafür aber eine wichtige Lektion fürs Leben gelernt habe. Es ist wie beim Zuknöpfen eines Hemdes oder einer Bluse – beginnt man mit dem falschen Knopf, wird man unten nie richtig enden.

Was heißt das nun fürs Berufsleben? Legen Sie besonderen Wert auf den ersten Schritt einer Aufgabe oder eines Projektes und klären Sie stets die folgenden sieben Fragen.

7 Fragen vor dem Beginn einer Tätigkeit

1. Wozu ist das gut?
2. Wie soll das (Ideal-)Ergebnis aussehen?
3. Was will/kann ich damit erreichen?
4. Was genau ist gefordert?
5. Was benötige ich dazu?
6. Wen muss ich informieren?
7. Wer kann mir helfen?

Die Erster-Hemdknopf-Lektion ist auch von Bedeutung, wenn Sie Ihre Aufgabe von jemand anderem erhalten: Fordern Sie stets ein genaues Briefing ein. Beginnen Sie nie mit Ihrer Arbeit, wenn Ihnen nicht klar ist, welche konkreten Ergebnisse von Ihnen erwartet werden beziehungsweise wenn Sie nicht wissen, was genau zu tun ist. Sie können sich viel Mehrarbeit und Stress ersparen, wenn Sie im Fall unvollständiger, missverständlicher oder interpretierbarer Angaben einfach nachfragen: »Habe ich Sie richtig verstanden, dass ...?«

Fahrstunden-Lektion: Trainieren Sie Aufgaben, vor denen Sie sich scheuen

Erinnern Sie sich noch an Ihre erste Fahrstunde? Wenn es Ihnen da ebenso ergangen ist wie mir, dann haben Sie ganz schön geschwitzt und waren nervös. Und wie fahren Sie heute Auto? Sind Sie immer noch so aufgeregt? Ich gehe mal davon aus, dass dem nicht so ist. Warum? Weil Sie durch viel Übung und Training enorm an Erfahrung sowie Sicherheit hinzugewonnen haben.

Ähnlich wie mit dem Autofahren verhält es sich mit zahlreichen Situationen im Berufsleben. Alles, was wir zum ersten Mal machen, ist ungewohnt und besitzt daher das Potenzial, Stress auszulösen. Mit zunehmender Praxis stellt sich Gewöhnung ein, und die Anspannung weicht. Aus dieser Erkenntnis lässt sich folgende Empfehlung ableiten: **Listen Sie jene Aufgaben auf, die neu für Sie sind und die Sie stressen. Überlegen Sie dann, wie Sie für diese Herausforderungen trainieren können.**

Genauso wie Piloten immer wieder gefährliche Konstellationen im Flugsimulator üben, genauso sollten Sie sich Ihr persönliches Übungsprogramm zusammenstellen. Dazu ein Beispiel: Ihnen graut vor Präsentationen?

Dann ergreifen Sie freiwillig bei Omas Geburtstagsfeier das Wort und richten ein paar Worte an die Jubilarin. Oder Sie stehen bei der Jahreshauptversammlung Ihres Fußballvereins auf und erläutern Ihre Sicht der Dinge. Auf diese Weise trainieren Sie, Ihr Lampenfieber in den Griff zu bekommen.

Fallschirm-Prinzip: Haben Sie immer einen »Plan B« in petto

Der Zweck eines Flugzeuges liegt darin, Menschen oder Fracht von A nach B zu bringen. Wir wissen, dass dies auch meistens ganz gut klappt. Genau genommen, gibt es kein anderes Verkehrsmittel, das sicherer ist. Statistisch gesehen, müsste man 14 000 Jahre ununterbrochen fliegen, bis man einen Unfall miterlebt. Und dennoch sind zumindest in Sportflugzeugen Fallschirme mit an Bord – das gibt ein Gefühl der Sicherheit.

So ist es generell: Das Wissen, gerüstet zu sein, verleiht Zuversicht und macht gelassener. Der französische Chemiker Louis Pasteur (1822–1895) hat dies treffend so ausgedrückt:

»Der Zufall begünstigt nur einen vorbereiteten Geist.«

Was bedeutet das nun? Stellen Sie gedanklich einmal jene Gefahren zusammen, vor denen Sie sich fürchten, und entwickeln Sie dafür »Notfallpläne«. Zum Beispiel kann man der drohenden Gefahr, den Arbeitsplatz zu verlieren, etwas von ihrem Schrecken nehmen, wenn man sich stets weiterbildet, seine Bewerbungsunterlagen immer auf dem aktuellen Stand hält, regelmäßig Stellenanzeigen und Anforderungsprofile studiert sowie Kontakt zu jenen Personen hält, die einem über ihre Beziehungen vielleicht einen neuen Job verschaffen könnten.

Auch für weniger dramatische Situationen lohnt es sich, einen »Plan B« zu entwickeln. Natürlich ist es nicht immer ökonomisch und sinnvoll, Alternativen zu erarbeiten – in etlichen Situationen kann es jedoch enorm beruhigend sein zu wissen, dass man über einen Fallschirm verfügt. Angenommen, Sie haben morgen einen wichtigen Kundentermin in Rostock. Eigentlich wollen Sie mit dem Auto fahren. Was aber, wenn Ihr Wagen nicht anspringt? Dann nehmen Sie den Zug – die passende Verbindung haben Sie sich prophylaktisch schon herausgesucht. Oder: Sie dürfen auf einem Fachkongress einen Vortrag halten. Ihre Folien befinden sich nicht nur auf Ihrem Notebook, sondern Sie haben diese dem Veranstalter vorab zur Sicherheit schon geschickt und haben zudem eine Kopie auf dem USB-Stick dabei.

Feldherren-Technik: Verschaffen Sie sich einen Überblick

Eigentlich verwende ich kriegerische Vergleiche oder Bilder nicht gern, dennoch will ich hier eine Ausnahme machen, denn diese Technik geht tatsächlich auf einen Militär zurück, nämlich auf den US-amerikanischen General und späteren 34. Präsidenten Dwight D. Eisenhower.

Eisenhower hat ein Instrument entwickelt, mit dem anstehende Aufgaben kategorisiert und priorisiert werden können. Die beiden Dimensionen, anhand derer eine Einteilung vorgenommen wird, heißen Dringlichkeit und Wichtigkeit. Zentrale Aussage ist, dass die wichtigsten und dringlichsten Aufgaben zuerst erledigt und unwichtige Tätigkeiten aussortiert werden.

Für die Praxis heißt das: Wie ein Feldherr, der auf dem Hügel steht, sollte man sich zunächst einen Überblick verschaffen und sich bei (neuen) Aufgaben stets fragen, ob sie a) **wichtig** und b) **dringend** sind. Auf diese Weise erhält man vier verschiedene Handlungsanweisungen, die häufig so dargestellt werden:

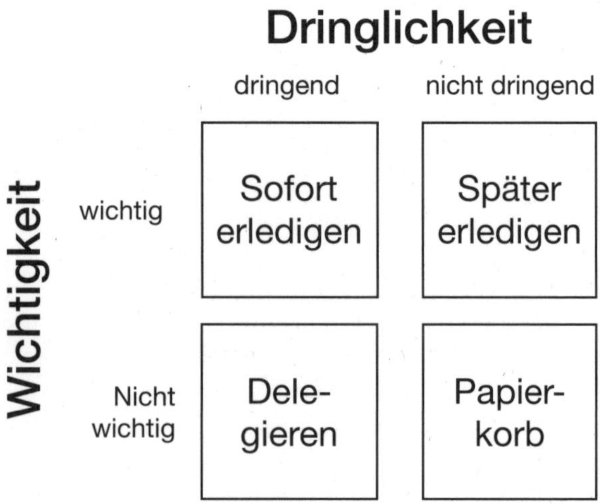

Das Eisenhower-Prinzip ist eigentlich für die tägliche Planung gedacht, entfaltet aber gerade nach einer längeren Abwesenheit (etwa nach einer Geschäftsreise, dem Urlaub oder einer Krankheit ...) seinen größten Nutzen, weil man dann ungleich mehr neue Aufgaben vorfindet als sonst.

Die Anwendung der Feldherren-Methode setzt allerdings voraus, dass man Wichtiges von Unwichtigem unterscheiden sowie dem alltäglichen Diktat der Dringlichkeit widerstehen kann. Um dies zu meistern, ist es unabdingbar, über Ziele zu verfügen. Denn nur wenn Sie wissen, wohin sie wollen, können Sie entscheiden, welchen Weg Sie einschlagen. Ihre Ziele sollten stets der Maßstab dafür sein, ob eine Aufgabe wichtig ist oder eben nicht. Bringt Sie die Erledigung der Aufgabe Ihrem Ziel (ein großes Stück) näher? Ja: Dann ist sie wichtig.

Feuerübungs-Methode: Üben Sie Tätigkeiten, die Sie länger nicht ausführen

Meine Kinder berichten mindestens zwei Mal im Jahr, dass es eine große Feuerübung in der Schule gab. Warum? Damit im Notfall lebensrettende Abläufe bekannt sind, müssen die Schüler die entsprechenden Verhaltensweisen einstudieren. Allzu traurig sind Niklas und Klara darüber nicht, fällt dann doch immerhin der reguläre Unterricht aus.

Der Gedanke, der hinter der Feuerübung steht, ist klar: Alles, was man länger nicht gemacht hat, vergisst man. Nur durch regelmäßige Wiederholung lässt sich Wissen frisch halten. Bestimmt können Sie das bestätigen. Mir zum Beispiel geht es so mit dem Französischen. Nach dem Abitur habe ich die Sprache recht gut gesprochen und konnte sogar halbwegs verstehen, was in der Zeitung stand. Von ein paar kurzen Urlauben im Nachbarland abgesehen, habe ich jedoch die letzten 25 Jahre keine Gelegenheit gehabt, meine Sprachkenntnisse anzuwenden. Mit der Folge, dass ich heute Niklas – viertes Jahr Französisch – nicht mehr helfen kann, wenn er eine Frage zum Subjonctif hat. Und Klaras Lektionstexte – zweites Jahr Französisch – verstehe ich nur mit großer Mühe.

Die Quintessenz der Feuerübungs-Methode lautet also, dass man Fähigkeiten, die man momentan nicht benötigt, trotzdem hin und wieder praktizieren sollte, um nicht aus der Übung zu kommen – sei es eine Sprache, die Bedienung einer Maschine oder die Anwendung eines Software-Programms.

Fieser-Bruder-Prinzip: Gönnen Sie sich internetfreie Zeit

»Paaaaaaapa! Der Niklas hat mein Internet gesperrt!« Tja, früher haben sich Geschwister anderweitig geärgert, Zahnpasta an den Türgriff geschmiert oder das Nutella-Pausenbrot mit Senf angereichert. Und heute? Cyberwar! Seitdem Niklas weiß, wie der Internet-Router konfiguriert wird, macht er sich einen Spaß daraus, uns immer mal wieder eine Internetsperre zu verpassen. Eigentlich war es umgedreht gedacht: dass wir Eltern die Möglichkeit haben, den Internetkonsum der Kinder einzuschränken. Dabei täte uns ein maßvoller Umgang mit dem WWW ebenfalls sehr gut.

In seinem 2010 erschienem Buch *Wer bin ich, wenn ich*

online bin weist der IT-Experte und ehemalige Chefredakteur des *Harvard Business Review,* Nicholas Carr, eindrucksvoll darauf hin, dass bereits eine geringe Nutzung des Internets zu erstaunlichen Veränderungen in unserem Gehirn führt. Carrs These lautet, dass wir beim Surfen – im Gegensatz zum Buch- oder Zeitunglesen – sehr viel geistige Energie auf die Beherrschung des Mediums selbst verwenden und uns deutlich weniger um die Inhalte Gedanken machen. Die Konsequenz ist, dass wir oberflächlicher lesen, uns mit dem Lernen schwerer tun und uns viel schlechter erinnern können als früher.

Nun könnte man genauso gut für die Abschaffung von Verkehrsampeln oder Casting-Shows kämpfen – der Erfolg wäre gering; das Internet ist längst zum festen Bestandteil unseres Alltags geworden. Zu sehr haben wir uns in den letzten zwanzig Jahren an dieses Medium gewöhnt. Wirtschaft und Gesellschaft wären ohne das weltweite Netz nicht vorstellbar. Allerdings können wir uns bemühen, nicht zu totalen digitalen Sklaven zu mutieren. Oder etwas weniger pathetisch ausgedrückt: Wir sollten lernen, das Internet bewusst einzusetzen. Dabei kann das »Fieser-Bruder-Prinzip« helfen.

Stellen Sie sich vor, Ihr imaginärer fieser Bruder hätte Ihre Internetverbindung für einen ganzen Tag gekappt. Versagen Sie sich also hin und wieder mal für 24 Stunden jegliche internetbasierten Anwendungen. Kein Facebook, kein Online-Shopping, keine Nachrichtenseiten, keine E-Mails, kein Twittern und Bloggen! Sie werden vermutlich erstaunt feststellen, dass Sie an diesen Tagen ganz anders denken und arbeiten – nämlich viel konzentrierter.

Je öfter Sie »Fieser-Bruder-Tage« einlegen, desto besser

erhalten Sie sich die Fähigkeit zum tiefgründigen Lesen, zum Nachdenken und zum kritischen Hinterfragen.

Fledermaus-Phänomen: Lernen Sie zuzuhören

Klara musste in der Grundschule mal ein Referat über die Fledermaus halten. Klar, dass man da als Papa ein bisschen mithilft. Bei der Recherche förderte ich Interessantes zu Tage: Die Unterart »braunes Langohr« besitzt im Verhältnis zu ihrer Körpergröße die größten Ohren im Tierreich. Obwohl insgesamt nur fünf Zentimeter groß, hat sie vier Zentimeter lange Ohren. Das ist so, als hätte ein Mensch etwa 1,40 Meter lange Ohren. Daran musste ich unwillkürlich denken, als ich im Buch *100 Regeln für ein gutes Leben* des US-amerikanischen Psychologen Richard Carlson Folgendes las:

> *»Unsere Unfähigkeit zuzuhören ist in gewisser Weise ein Symbol für die Art, wie wir leben. Wir verhalten uns oft so, als sei Kommunikation ein Wettrennen.«*

Diese konkurrenzorientierte Kommunikation hat fatale Auswirkungen – auf die Ergebnisse unserer Arbeit ebenso wie auf unsere Psyche. Wenn wir einander nicht wirklich zuhören, kommt es zu Missverständnissen, Enttäuschungen und Konflikten. Wir fühlen uns nicht wahrgenommen, wir vermissen Wertschätzung und echte Anteilnahme. Hören Vorgesetzte oder Kollegen dauerhaft nicht (richtig) zu, treten wir den Rückzug oder gar den Weg in die innere Emigration an.

Doch wir sollten zunächst in den Spiegel schauen, bevor wir uns über andere beschweren. Sind wir selbst gute Zuhörer? Haben wir Fledermaus-Ohren? Beherzigen wir stets das, was der Autor der bekannten Erzählung *Der kleine Prinz,* Antoine de Saint-Exupéry (1900–1944), so passend formuliert hat?

»Der beste Weg, einen Menschen zu ehren,
ist ihm zuzuhören.«

Leider schaffen wir es viel zu selten, andere in diesem Sinne zu »ehren«! Denn in fast jeder Gesprächssituation taucht beim Zuhörer die Versuchung auf, sich irgendwie abzulenken. Das hat auch äußere Ursachen: Lärm, schlechte Luft, schlechte Akustik oder eine schwerfällige Sprache. Verschiedene Studien zeigen, dass der Mensch nur etwa 30 Sekunden lang in der Lage ist, intensiv zuzuhören – danach lässt er seine Gedanken automatisch schweifen.

Dabei könnte es so einfach sein, denn eigentlich ist nicht viel erforderlich, um ernsthaft zuzuhören (und nicht nur hinzuhören). Dazu die neun besten Tipps.

Die neun besten Tipps zum Zuhören

1. Setzen Sie sich beim Zweiergespräch über Eck, in einem Winkel von 90 bis 130 Grad. Wenn man sich direkt gegenübersitzt, so wird dies (unterbewusst) als Konfrontation erlebt, wie man es beispielsweise aus Verhören kennt. Evolutionsbiologisch assoziiert der Mensch nämlich einen frontalen Augenkontakt mit Kampf oder Konkurrenz.

2. Schenken Sie Ihrem Gesprächspartner volle Aufmerksamkeit und unterlassen Sie sämtliche Nebentätigkeiten wie etwa Lesen, auf das Handy starren oder E-Mails abrufen.
3. Lassen Sie Ihren Gesprächspartner ausreden – auch dann, wenn es Ihnen schwerfällt.
4. Signalisieren Sie durch gelegentliches Nicken, dass Sie aufmerksam zuhören. Denn in der Regel beobachtet Sie Ihr Gesprächspartner genau und sucht in Ihrer Körpersprache Hinweise darauf, ob Sie ihm folgen.
5. Versuchen Sie, die Stille einer Gesprächspause auch einmal zu ertragen.
6. Setzen Sie öfter positive Gesprächsverstärker ein, wie zum Beispiel: »aha«, »tatsächlich«, »mmh«, »ja«, »genau«, »ach was«.
7. »Spiegeln« Sie die Gefühle des Gesprächspartners behutsam: Lächeln Sie etwa, wenn sie oder er lächelt.
8. Wenden Sie die Technik des aktiven Zuhörens an, indem Sie die Aussage des Gesprächspartners mit eigenen Worten wiederholen, wie zum Beispiel: »Sie meinen also, dass ...« – »Das bedeutet, dass ...« – »Zusammengefasst heißt das also ...« – »Mit anderen Worten ...«
9. Fragen Sie notfalls nach und stellen Sie sicher, dass Sie erkannt und verstanden haben, was Ihr Gesprächspartner will: »Was meinen Sie mit ...?«

Wenden Sie also zukünftig öfter die Fledermaus-Technik an und **hören Sie besser zu.** Das hat noch einen weiteren Vorteil: Jede Minute, die Sie darauf verwenden, andere zu beeindrucken – indem Sie selbst erzählen –, ist eine

Minute, in der Sie keine Informationen bekommen. Frank Bettger, ein US-amerikanischer Versicherungsvertreter, der in den 1950er Jahren sehr erfolgreich war, wird mit dem Ausspruch zitiert:

»Wir könnten viel gewinnen, wenn wir jeden Morgen Gott bitten würden: ›Hilf mir, dass ich den Mund halte, bis ich alles Nötige erfahren habe!‹«

Die Lektion daraus: Wer zuhört, zeigt nicht nur höfliches Verhalten, sondern nutzt auch sich selbst. Dies übrigens noch in einer weiteren Hinsicht, denn gut zuzuhören fördert zudem das eigene Ansehen bei den Mitmenschen. Man empfindet einen Gesprächspartner dann als besonders sympathisch, wenn er einem gut (und ausdauernd) zuhört. In Untersuchungen wurde nachgewiesen: Je länger der eigene Redeanteil in einem persönlichen Gespräch war, desto netter und klüger wurde der andere eingeschätzt.

Eines möchte ich in diesem Zusammenhang noch klarstellen: Nicht immer verlaufen Gespräche harmonisch. Selbst wenn Sie ein richtig guter Zuhörer sind, muss das nicht bedeuten, dass Sie stets einer Meinung mit Ihrem Gegenüber sind. Manchmal ist der Gesprächspartner auch gar nicht an einem konstruktiven Dialog interessiert. Lassen Sie sich dadurch nicht aus der Ruhe bringen.

Fluglotsen-Verfahren: Geben und fordern Sie Feedback

In meinem Freundeskreis gibt es mehrere Piloten. Da ich mich seit meiner Kindheit für die Luftfahrt interessiere, tausche ich mich immer wieder gerne mit meinen fliegenden Bekannten aus und lese zudem gelegentlich Bücher über die Fliegerei. Daher weiß ich, wie Piloten miteinander sowie mit den Fluglotsen kommunizieren, nämlich unmissverständlich. Anweisungen werden wiederholt, wie in diesem Ausschnitt eines typischen Dialogs:

> **Pilot:** Frankfurt Tower, Lufthansa 288, holding point runway 32R, ready for departure.
> **Tower:** Lufthansa 288, Frankfurt Tower, wind 300 degrees, 8 knots, runway 32R cleared for take-off.
> **Pilot:** Lufthansa 288, runway 32R cleared for take-off.

Alle an der Luftfahrt Beteiligten verwenden eine klare, eindeutige Sprache. Wenn sie es nicht tun, kann das katastrophale Folgen haben. So ist das bislang schlimmste Unglück der kommerziellen Luftfahrt – der KLM-PanAm-Crash 1977 auf Teneriffa – hauptsächlich auf eine missverständliche Kommunikation zurückzuführen. Auch viele andere Flugkatastrophen haben ihre Ursache in Kommunikationsfehlern. Und nicht nur dort, sondern auch auf Flughöhe null, am Boden!

Oft genug sind wir selbst daran schuld, wenn es zu Pannen und Missverständnissen kommt. Um ein Programmierer-Bonmot leicht abzuwandeln: »Garbage out – garbage in!« Schlecht formulierte, unvollständige oder unstrukturierte Anweisungen, die wir geben, führen zu Nachfragen oder Meinungsverschiedenheiten. Häufig ist dem Empfänger auch gar nicht bewusst, dass etwas von ihm erwartet wird, weil eine klare Handlungsaufforderung fehlt. In der Folge erhalten wir dann zum Beispiel Mails mit folgendem Inhalt: »Ist Herr Müller aus dem Marketing über das XY-Projekt zu informieren? Muss die Maschine LH56 auch auf der Messe ausgestellt werden? Soll ich bei der Lieferanten-Analyse die Ausländer berücksichtigen?«

Der auf der Hand liegende Ratschlag lautet also: Wenn Sie Anweisungen aussprechen oder einen Sachverhalt schildern, dann tun Sie dies bitte so ausführlich und genau wie erforderlich, aber auch nicht länger. Damit ersparen Sie sich Missverständnisse und Rückfragen, die der Aufklärung oder Konkretisierung dienen. Vor allem aber: Lassen Sie sich rückbestätigen, dass der andere alle Angaben richtig verstanden hat. Lassen Sie ihn mit eigenen Worten wiederholen, was seine Aufgabe ist.

Der weltbekannte österreichische Kommunikationswissenschaftler Paul Watzlawick (1921–2007) hat diese Erkenntnisse in einem einfachen Satz auf den Punkt gebracht:

»Ich weiß nicht, was ich gesagt habe, bevor ich die Antwort meines Gegenübers gehört habe.«

Versuchen Sie zudem, in Ihren Anweisungen, Memos oder E-Mails nicht nur so präzise wie möglich, sondern auch vorausschauend zu sein. Nehmen Sie sich die Zeit, das Vorgehen und das mögliche Ergebnis zu durchdenken. Angenommen, Sie benötigen von einem Mitarbeiter eine

Liste aller Lieferanten, die im letzten Quartal in Verzug waren. Was müsste Ihr Mitarbeiter wissen, um diese Aufgabe vollständig und in Ihrem Sinne zu erledigen? Zum Beispiel, ob es eine Toleranz bzw. eine bestimmte Messeinheit gibt: Wird die Verzögerung taggenau oder pro Kalenderwoche gezählt? Sollen alle Lieferanten erfasst werden, also etwa auch der Schraubenhändler?

Oft ist es auch sinnvoll, zu begründen, warum Sie eine bestimmte Information benötigen beziehungsweise eine bestimmte Aufgabe stellen; dieses Hintergrundwissen hilft dem Empfänger, die Bedeutung und den Zweck seiner Arbeit zu verstehen. Und: Sagen Sie, in welcher Form die Ergebnisse dargestellt werden sollen. Als Excel-Tabelle, als Diagramm oder einfach als Antwort in einer E-Mail?

Fresse-halten-Regel: Vermeiden Sie Geschwätzigkeit

Der römische Philosoph Boëthius (480–525) hat uns die bedeutungsschweren Worte hinterlassen:

»Wenn du geschwiegen hättest,
wärest du Philosoph geblieben.«

In diesem Zitat kommt ein wichtiger Aspekt des Schweigens zum Ausdruck: Man sollte den Mund zum Selbstschutz halten, und zwar dann, wenn man eine Situation durch seine Äußerung verschlimmern oder sich selbst bloßstellen würde. **Immer dann, wenn man nichts Bedeutsames mitzuteilen hat, sich bei einem Thema nicht aus-**

kennt oder unsicher ist, ist Schweigen die beste Alternative.

Dies bedeutet nun natürlich nicht, dass man immer stumm bleibt, wenn man unsicher ist; nur ist es ratsam, in solchen Situationen auch seine Zweifel selbst anzumelden.

Schweigen ist allerdings nicht nur wichtig, um sich Peinlichkeiten zu ersparen, sondern auch aus einem anderen Grund: um Beziehungen nicht unnötig zu belasten beziehungsweise sie zu entkrampfen. In wie vielen Beziehungen beklagt sich der eine Partner über den anderen, dass dieser ständig herumnörgelt, das Haar in der Suppe sucht, an allem etwas auszusetzen hat oder alles besser weiß? Familienrichter und Ehetherapeuten können bestätigen: Permanentes Herummosern ist einer der schlimmsten Beziehungskiller. In den Zeitungen lesen wir oft genug von den Resultaten jahrelangen Mäkelns – da findet die Polizei die Frau mit der Axt im Kopf oder mit 47 Messerstichen getötet in der Küche.

Humorvoll hat das Loriot in einem Sketch auf den Punkt gebracht. Ein Mann sitzt entspannt in seinem Sessel und genießt die Ruhe. Doch nicht lange, denn seine Frau ermahnt ihn ständig, etwas zu tun – eine Illustrierte zu lesen oder spazieren zu gehen. Die Frau quengelt so lange, bis sie der Mann völlig genervt anschreit. So weit hätte es nicht kommen müssen, hätte die Frau einfach geschwiegen und ihren Mann das tun lassen, was er wollte.

Nicht, dass Sie mich falsch verstehen: In Ehen muss man ebenso wie im Büro mitunter klar sagen, was man denkt und möchte. **Oft genug ist es jedoch besser, die Klappe zu halten, insbesondere, wenn der Kommentar**

das Verhalten anderer betrifft. Machen Sie sich klar, dass sich der »Kampf« oft gar nicht lohnt und dass man sich außerdem selbst schlecht fühlt, wenn man einen anderen kritisiert oder schlecht gemacht hat. Sie sind nicht gesetzlich dazu verpflichtet, andere auf Irrtümer oder Verfehlungen hinzuweisen.

Sie sind nicht bei der Moralpolizei angestellt und haben auch keine Prüfung zum »Richter in allen Lebenslagen« abgelegt. Sie sind nicht das Maß aller Dinge. Ihr Verhalten und Ihre Einstellungen sind sicherlich auch nicht immer einwandfrei oder vorbildlich. In der Bibel (Johannes 8,7) heißt es schon:

»Wer unter euch ohne Sünde ist,
der werfe den ersten Stein.«

Wählen Sie deshalb private und berufliche Auseinandersetzungen weise und debattieren Sie nur dann, wenn Ihnen eine Sache oder eine Verhaltensweise wirklich am Herzen liegt. Im Umkehrschluss heißt das: Wenn es nur eine Kleinigkeit ist, die Sie stört, dann sprechen Sie diese nicht an. Sie werden dafür belohnt, indem Sie nämlich keinen Streit initiieren, der Sie belasten würde und den anderen wiederum einladen würde, Sie zu kritisieren und Ihnen ein ungutes Gefühl zu verschaffen.

Ebenso gedankt wird es Ihnen, wenn Sie darauf verzichten, anderen Menschen Ratschläge zu geben. Bestimmt haben Sie das auch schon erlebt. Sie sitzen mit Kollegen aus anderen Abteilungen in der Kantine und berichten von Ihrem chaotischen Büronachbarn, der Sie mit seiner Unordentlichkeit zur Weißglut bringt. Sie wollten das eigentlich nur loswerden. Und was machen die anderen? Sie überbieten sich mit – sicherlich gut gemeinten – Hinweisen, was Sie alles tun könnten.

Viele Menschen neigen dazu, ungefragt Ratschläge zu erteilen. Aber wie sagt der Volksmund doch so treffend:

»Ratschläge sind auch Schläge.«

Wer Ratschläge erteilt, provoziert oft Widerspruch und löst heftige Diskussionen aus, was die Stimmung belastet. Zudem impliziert ein Rat auch immer, dass der andere zu dumm ist, um selbst auf eine Lösung zu kommen. Hüten Sie sich also davor, den Lehrer oder Berater zu spielen. Wenn Ihr Rat erwünscht ist, so wird man Sie explizit darum bitten.

Auf den Punkt gebracht: Wer öfter mal schweigt, schützt sich selbst. Wer, statt zu nörgeln und Rat zu geben, die Klappe hält, vermeidet belastende Konflikte, stärkt Beziehungen und trägt somit zur eigenen Entspannung bei. Mit dem Komiker Dieter Nuhr ausgedrückt, lautet die Aufforderung also, »einfach mal die Fresse zu halten«.

Frische-Fische-Paradoxon: Achten Sie auf Ihre Sprache

Vor vielen Jahren habe ich eine interessante Studie gelesen: In einer Kantine wurde untersucht, wie oft ein Fischgericht von den Gästen gewählt wird, wenn man die Bezeichnung ändert. Einmal wurde das Essen als »Fischfilet« bezeichnet, ein anderes Mal als »Frisches Fischfilet«.

Obwohl das Gericht absolut identisch war, wurde das frische Filet deutlich häufiger gewählt als das reine Fischfilet, obwohl man ja davon ausgehen konnte, dass auch in diesem Fall kein altes, verdorbenes Fischfilet auf den Teller kam. Das habe ich mir gemerkt. Fortan kamen – wenn wir Besuch hatten – nicht mehr »Nudeln mit Garnelen« auf den Tisch, sondern ich servierte meine selbst gemachten »Tagliolini al gambero an marktfrischen Cocktailtomaten« mit dem Ergebnis, dass ich noch überschwänglicher für meine Kochkünste gelobt wurde. Sie sehen also: Die Wörter, die wir verwenden, haben maßgeblichen Einfluss auf unsere Wahrnehmung und Beurteilung.

Und mehr als das: In einer höchst aufschlussreichen Studie an der Stanford University wurde gezeigt, wie sich Wörter/Bezeichnungen auf das Verhalten auswirken. In dem Experiment ging es darum, dass jeweils zwei Spieler kooperieren oder sich eigensinnig verhalten konnten. Allen Teilnehmern wurden die gleichen Spielregeln erklärt, allerdings mit einem Unterschied: Der einen Hälfte sagte man, das Spiel hieße »Gemeinschaftsspiel«, der anderen Hälfte erklärte man, dass sie das »Wall-Street-Game« spielen würden. Sie ahnen es schon: Diejenigen, die das Gemeinschaftsspiel spielten, verhielten sich weitaus kooperativer als die Teilnehmer aus der anderen Gruppe.

Die Botschaft ist klar: **Achten Sie auf Ihre Sprache!** Ich bin wahrhaftig kein Freund von Schönfärberei. Ein Problem ist ein Problem und keine »Herausforderung«. Eine Entlassung ist eine Entlassung und keine »Freisetzung«. Trotzdem lassen sich für manche Sachverhalte positivere, optimistischere Begriffe finden. Zudem ist es tatsächlich so, dass mitunter die Situation, die wir als »Problem« bezeichnen, bei näherer Betrachtung gar nicht so problematisch ist und deshalb auch nicht das Etikett »Problem« verdient hat. Hier nun drei Beispiele für positive Wortersetzungen.

Eher negativ besetzt	**Eher positiv besetzt**
Wir haben hier mit zahlreichen *Restriktionen* (Beschränkungen) zu kämpfen.	Wir haben hier zahlreiche *Rahmenbedingungen* zu beachten.
Ich brauche bei diesem Projekt unbedingt *Hilfe.*	Ich brauche bei diesem Projekt *Unterstützung.*
Ich habe eine Lösung für das Problem gefunden, *aber* es könnte später erneut auftreten.	Ich habe eine Lösung für das Problem gefunden, *obwohl* es später erneut auftreten könnte.

Froschkönig-Prinzip: Fangen Sie den Tag mit einer unliebsamen Aufgabe an

In einer der zahlreichen Varianten des Märchens vom Froschkönig wird der Frosch durch einen Kuss der Prinzessin erlöst und verwandelt sich wieder in einen Menschen. Sehr frei interpretiere ich das so: Manchmal muss man eine unerfreuliche Sache machen, damit es danach besser wird. Und konkret leite ich daraus folgenden Tipp ab: **Beginnen Sie Ihren Arbeitstag mit einer unangenehmen Aufgabe,** wie etwa einen verstimmten Kunden anzurufen oder den Monatsreport zu erstellen.

Sie profitieren in mehrerlei Hinsicht davon, wenn Sie diese Empfehlung beherzigen: Die Aufgabe wird (schnell) erledigt, Ihr Unterbewusstsein schleppt keinen Ballast (»ich muss XY noch erledigen, oje, wie schlimm«) mit sich herum, und Sie fühlen sich besser, weil Sie eine Herausforderung bestanden haben. Also: Küssen Sie einen Frosch, auch wenn er noch so eklig sein mag. Am besten, Sie tun dies gleich morgens, dann können Sie den ganzen Tag lang von den angenehmen »Nebenwirkungen« zehren.

Gartenmöbel-Methode: Nutzen Sie Fotos

Sommer ade! Das war dann wohl definitiv der letzte Spätsommerabend – die Gartenmöbel dürfen sich nun bis zum Frühjahr ausruhen. Um unsere Kunstrattan-Garnitur vor Schnee und Eis zu schützen, stelle ich sie – soweit es geht – unter den Dachvorsprung. Das Problem: Allzu viel Platz steht nicht zur Verfügung, ich muss Sessel, Mehrsitzer und Tisch also irgendwie raumsparend ineinanderschachteln.

Das ist gar nicht so trivial, wie es sich vielleicht anhört. Zig Möglichkeiten gibt es da. Als wir die Gartenmöbelkombination vor ein paar Jahren anschafften, kostete es mich einige Zeit, die optimale Lösung – durch Versuch und Irrtum – auszutüfteln. Schließlich hatte ich eine Winteraufbewahrungsvariante gefunden, die die geringste Fläche beanspruchte. Damit ich im darauffolgenden Herbst nicht wieder stundenlang ausprobieren musste, ob die Couch nun besser links unten oder rechts oben steht, habe ich einfach ein Foto des Arrangements gemacht. So genügt mir ein kurzer Blick auf das Bild, und ich weiß, wie ich Sessel & Co. anzuordnen habe.

Das also ist die »Gartenmöbel-Methode«: Nutzen Sie die vielfältigen Möglichkeiten, die Fotos bieten, und zwar nicht nur im Sinne einer »Bauanleitung«, sondern ganz generell, um Sachverhalte anschaulich zu machen oder zu dokumentieren. Dazu ein paar Beispiele:

- Wenn Sie Ihre Mitarbeiter zu mehr Ordnung am Arbeitsplatz oder in den Pausenräumen aufrufen wollen, dann zeigen Sie ein paar Aufnahmen, die Sie von besonders chaotischen Schreibtischen gemacht haben (ohne dabei natürlich die Persönlichkeitsrechte zu verletzen oder jemanden bloßzustellen).
- Wenn Sie in der Betriebsversammlung über die Neueröffnung einer Niederlassung in Kuala Lumpur berichten, dann präsentieren Sie über den Beamer Fotos der Gebäude und der dort tätigen Mitarbeiter.

- Wenn Sie Ihrem Kunden verdeutlichen wollen, dass Sie in allen Prozessschritten sehr hohen Wert auf Qualität legen, dann bringen Sie ein paar Bilder mit, auf denen zu erkennen ist, wie sorgfältig Sie die Waren für den Transport verpacken.
- Wenn Sie bei einem Kongress im Foyer den Informationsstand eines anderen Unternehmens sehen und sich denken: »So könnten wir uns auch mal präsentieren«, dann greifen Sie zu Ihrem Smartphone und machen ein Bild davon, das Sie dann Ihrer Marketingabteilung zur Inspiration schicken können.
- Wenn Sie in einer weitläufigen Tiefgarage geparkt haben, dann machen Sie mit Ihrer Handykamera eine Aufnahme von Ihrem Wagen, sodass Sie sich mit Hilfe des Fotos an den genauen Standort erinnern können.

Gefrierschrank-Erkenntnis: Nehmen Sie sich Zeit für die Planung

Neulich wurde unser neuer Gefrierschrank angeliefert – ein gewaltiges Teil: 180 Zentimeter hoch und 70 Zentimeter breit. Ob ich das Modell GS 36 auch in unsere Speisekammer bekäme, hatte sich der freundliche Kücheneinrichter/Elektrogerätehändler vorab bei mir erkundigt. Ja, locker doch – da müsse ich nicht mal nachmessen, das könne man doch mit bloßem Auge erkennen. Und um die 45 Euro Aufbaugebühr zu sparen, hatte ich angegeben, dass ich unser neues Eismonster selbst aufstellen würde.

Da steht er nun also, unser moderner, Strom sparender Tiefkühlschrank – original verpackt. Mühsam schleife ich den riesigen Apparat zur Speisekammer. Selbige lässt sich durch eine Flügeltür öffnen, die ich nun so weit aufgemacht habe, wie es geht. Aber der neue Gefrierschrank will partout nicht durch die Öffnung passen. Das gibt's doch nicht! Das hätte ich nie gedacht. Ich hole den Zollstock und messe nach. Tatsächlich: Die Tür ist 68 Zentimeter breit. Der Kühlschrank 70.

Ich denke, zwei Zentimeter Spiel müssten die Türen doch noch haben, und versuche erneut, den Schrank durch den Durchlass zu quetschen. Es klappt auch. Zumindest, bis die Außenwände des Gefrierschranks auf die Türbeschläge treffen und links und rechts zwei grässliche Schrammen hinterlassen. Super! Keine Viertelstunde ausgepackt und schon Macken drin. Na ja, die werde ich vielleicht mit Tipp-Ex kaschieren können. Ist momentan aber egal, weil ich ja erst mal das Gerät überhaupt in die Speisekammer bekommen muss.

Mittlerweile schwitze ich wie in einer finnischen Sauna. Ich ziehe meinen Pullover aus. Was tun? Ich untersuche die Türen genau und erkenne, dass sich unten eine hervortretende Blende befindet. Na logisch – die muss ich nur abmontieren, dann geht's. Ich hole den Akkuschrauber aus der Garage und will die erste Schraube (von insgesamt sechs) lösen. Pffft – der Motor dreht sich in der gleichen Geschwindigkeit wie ein Lifta-Treppenlift. Akku leer. Wieder in die Garage, den Kreuzschlitzschraubendreher suchen. Sechs Schrauben und anderthalb Liter Schweiß später ist die Blende ab.

Neuer Anlauf. Ich pack's nicht. Noch immer fehlen ein paar Millimeter. Weitere Schrammen sind hinzugekommen. Ich hole mir ein Bier aus dem Kühlschrank. Das wird mich beruhigen und auf gute Ideen bringen. Nach dem dritten Schluck hab ich sie auch schon: Klar, ich muss einfach die Türen ausbauen. Dazu sind nur läppische zwei Mal zwölf Schrauben zu lösen. Ohne Akkuschrauber kostet mich das eine halbe Stunde. Für die linke Tür, wohlgemerkt! Zweite Flasche Bier. Rechte Tür. Morgen werde ich Blasen an meiner rechten Hand haben, das spüre ich jetzt schon. Als ich die letzte Schraube der rechten Tür löse, gleitet mir diese aus der Hand und fällt mit voller Wucht auf die Ecke der Kücheninsel. Resultat: eine tiefe Macke. Das wird teuer.

Dritte Flasche Bier. Hurra, jetzt geht es voran. Krrrrrrrtsch! Ein ekliger Ton beendet meine kurze Euphorie. Die Innenaufhängungen der Türen kollidieren mit der linken Gefrierschrankseite. Nein, daran hatte ich nicht gedacht: Der Griff des Gefrierschranks steht ein paar Zentimeter vor und blockiert nun den Weg. Lieber Gott, was hab ich getan, dass ich so leiden muss? Unter Einsatz der letzten mir verbliebenen Kräfte stoße ich den inzwischen reichlich verkratzten Tiefkühler zurück in die Küche, schleppe mich zum Kühlschrank, um ein viertes Bier zu holen, und setze mich apathisch auf den Boden. Morgen werde ich den Kücheneinrichter/Elektrogerätehändler anrufen und ihn bitten, einen versierten Fachmann vorbeizuschicken.

So ärgerlich meine Erfahrungen waren, eines habe ich daraus gelernt: **Sei genau beim Planen und nimm dir erst mal ein paar Augenblicke Zeit, um nachzudenken, bevor du loslegst!**

Diese Erkenntnis kann in vielen Situationen hilfreich sein – zum Beispiel, bevor man zum Telefonhörer greift. Was will ich bei dem anstehenden wichtigen Gespräch erreichen? Oder bevor man auf eine E-Mail antwortet – was genau will der Empfänger eigentlich wissen? Oder bei einer Kundenanfrage – was ist das eigentliche Problem des Kunden, das gelöst werden muss?

Gelbe-Seiten-Reflex: Pflegen Sie Ihre Adressdatenbank

Meine Freunde nennen mich oft die wandelnden »Gelben Seiten«, weil ich auf nahezu jede Frage nach einer E-Mail-Adresse oder Telefonnummer aus dem Freundes- und Bekanntenkreis mit Auskunft dienen kann. Was ich tue: Sobald ich neuer Kontaktdaten habhaft werde, notiere ich mir diese nahezu reflexartig in meiner Adressdatenbank, als ob ich der Gelbe-Seiten-Verlag höchstpersönlich wäre. Keineswegs möchte ich zum allwissenden Orwell'schen »Großen Bruder« werden, ich will lediglich vermeiden, zu viel Zeit mit dem Suchen von Kontaktinformationen zu verbringen, insbesondere deshalb, weil heute viele Handynummern, E-Mail-Adressen oder Telefondurchwahlen nur schwierig zu erlangen sind.

Wichtig beim Führen einer Kontaktdatenbank ist, dass man sich auf ein System beschränkt, dass man also nicht E-Mail-Adressen in Outlook, Postanschriften und Telefonnummern in einem physischen Büchlein und Geburtstage auf dem Wandkalender in der Küche notiert, sondern sich für ein einziges Instrument entscheidet. Andernfalls ist der Aufwand, um verschiedene Systeme aktuell zu halten, immens, oder man riskiert ein unüberschaubares Kuddelmuddel.

Gepackte-Schulranzen-Vorteil: Sorgen Sie für einen entspannten Start in den Tag

Ich kann mich – im Gegensatz zu meinem Zwillingsbruder – nur ganz schlecht an Ereignisse aus meiner Kindheit erinnern. Eines der wenigen Dinge, die mir noch gegenwärtig sind, ist die Eigenart meiner Mama, bereits am Vorabend den Frühstückstisch zu decken, für uns Kinder die Anziehsachen des Folgetags zurechtzulegen und dafür zu sorgen, dass unsere Schulranzen fertig gepackt im Flur standen. Stets dozierte sie: »Das Wichtigste für einen guten Start in den Tag ist es, morgens keinen Stress zu haben.« Wie recht sie da hat!

Wenn Sie Ihren (Arbeits-)Tag bereits mit Hektik beginnen, fieberhaft die Unterlagen suchen, die Sie mit nach Hause genommen hatten, im Stehen einen halben Toast hinunterschlingen ... dann werden die weiteren Stunden vermutlich ähnlich rastlos verlaufen. Also: **Versuchen Sie, bereits abends all das zu erledigen, was Ihnen einen geruhsamen Start in den folgenden Tag verspricht.**

Giraffen-Sprache: Verwenden Sie die »gewaltfreie Kommunikation«

Worüber regen Sie sich im Beruf am meisten auf? Wenn Sie wie die meisten Menschen veranlagt sind, dann sind es selten abstrakte Dinge (»die Organisation«, »die Prozesse« ...), sondern konkrete Vorkommnisse (»der Papierstau im Kopierer«). Hauptsächlich jedoch sind es die Menschen, mit denen wir im Job zu tun haben: nervige

Kollegen, cholerische Chefs, faule Mitarbeiter, ungeduldige Kunden machen uns das Leben schwer. Es gilt also, vor allem am menschlichen Miteinander anzusetzen, wenn man entspannter werden will.

Die sogenannte »gewaltfreie Kommunikation« des US-amerikanischen Psychologen Marshall B. Rosenberg enthält dazu viele nützliche Hinweise. Rosenberg nennt die gewaltfreie Ausdrucksweise auch Sprache der Giraffen, weil diese ein großes Herz besitzen. Mit »gewaltfrei« ist allerdings nicht körperliche, sondern sprachliche Gewalt gemeint, vor allem verletzende Worte.

Ein wichtiges Instrument der gewaltfreien Kommunikation sind »Ich-Botschaften«. Der Kommunikationsforscher Friedemann Schulz von Thun hat diese in sein »Vier-Seiten-Modell« integriert. Dieses besagt, dass jede Äußerung vier Botschaften enthält – neben dem eigentlichen Sachaspekt machen wir stets auch Aussagen über die Beziehung zu unserem Gesprächspartner, verbinden damit einen Appell und offenbaren etwas über uns selbst. Damit ist gemeint, dass man seine eigenen Gefühle offenbart und eine sachliche Begründung dafür gibt.

Lassen Sie mich das an einem Beispiel aus meiner Familie erklären: »Abendessen ist fertig.« Keine Reaktion. »Kinder, jetzt kommt!« Keine Reaktion. Ich wiederhole meinen Aufruf mehrfach. Endlich kommen die beiden herangetrabt. Kaum ist Klara am Tisch angelangt, meine ich, in ihren Augen einen deutlichen Anflug von Ekel zu erkennen. »Was ist das Grüne in der Suppe?«, erkundigt sie sich. Dabei habe ich mir eine solche Mühe gegeben und selbst Kartoffelsuppe gemacht, die mit glatter, gehackter Petersilie garniert ist.

»Das ist Rattengift. Meine Güte, wenn es dir hier nicht schmeckt, kannst du ja woanders essen gehen«, antworte ich genervt. Kommunikation im Alltag ist voller Tücken. Und auch ich, der ich mich nun schon etliche Jahre mit dem Thema beschäftige, bin wahrlich nicht gefeit vor falschen Reaktionen. Hätte ich doch besser mal einen Moment innegehalten und mich an das »Vier-Seiten-Modell« erinnert. Vielleicht wollte Klara wirklich einfach nur wissen, was das Grünzeug ist, weil sie noch nie glatte, gehackte Petersilie gesehen hat (Sachaspekt). Ich aber habe ihre Frage als Selbstoffenbarung (»Ich mag das nicht«) interpretiert und sogleich als Vorwurf aufgefasst und barsch reagiert.

Eine Situation wie die gerade geschilderte wäre zu vermeiden gewesen, hätte Klara eine »Ich-Botschaft« ausgesandt, wie etwa: »Ich bin verunsichert, was das Grüne in der Suppe ist – bitte erklär es mir!« Nun wäre es freilich zu viel von einem zehnjährigen Mädchen verlangt, sich so auszudrücken. Aber darum geht es gar nicht, sondern um die dahinterstehende Idee, nämlich klar zu artikulieren, was man fühlt und möchte.

Im Alltag allerdings, insbesondere im Beruf, fällt es den meisten Menschen sehr schwer, genau dies zu tun. Sie verstecken sich hinter pauschalen Formulierungen mit »man« oder »wir« beziehungsweise verwenden »Du-Botschaften«, was noch schlimmer ist, weil so ganz häufig konfliktgeladene Situationen entstehen können. »Du hast schon wieder nicht das Protokoll geschrieben.« Wer mit einem solchen Vorwurf konfrontiert wird, reagiert fast automatisch mit einem Gegenangriff.

Als »Ich-Botschaft« formuliert, wäre ein anderer Ausgang wahrscheinlicher. »Ich bin verärgert, weil du das Protokoll der gestrigen Abteilungssitzung noch nicht, wie besprochen, geschrieben hast. Dadurch weiß ich jetzt nicht, wer alles für den Kundenworkshop einzuladen ist. Bitte erstell das Protokoll bis 15 Uhr.« Sie sehen schon: Das ist zwar um einiges länger, aber weniger vorwurfsvoll und wesentlich konkreter.

Hier nun die vier wichtigsten Regeln zur Verwendung der Giraffen-Sprache beziehungsweise zum Formulieren von »Ich-Botschaften«:

Die vier Regeln der »Giraffen-Sprache«

1. Offenbaren Sie Ihre Gefühle, und zwar auf eine konkrete Situation oder das Verhalten des anderen bezogen. Die Liste mit negativen Gefühlen auf der nächsten Seite kann Ihnen helfen, genau zu beschreiben, was Sie fühlen. Beispiel: Ich bin verärgert ...
2. Schildern Sie sachlich die Situation beziehungsweise den Auslöser, der der Grund Ihrer Kritik ist. Hier ist es wichtig, konkret zu werden, damit sich der andere die Situation bildhaft vorstellen kann. Verzichten Sie auf pauschale Verallgemeinerungen, wie etwa »immer«, stets« oder »wiederholt.« Beispiel: ... weil Sie heute 20 Minuten zu spät gekommen sind ...
3. Nennen Sie die Auswirkungen, die das Verhalten des anderen für Sie hat. Beispiel: ... und ich dadurch Ihre Arbeit machen musste.
4. Beenden Sie Ihre Botschaft, indem Sie eine möglichst konkrete Bitte an den Adressaten richten oder den Vorschlag unterbreiten, das Problem gemeinsam zu lösen.

Beispiel: Bitte kommen Sie demnächst pünktlich. Oder: Lassen Sie uns darüber nachdenken, welche Möglichkeiten es gibt, damit künftig Ihr pünktliches Erscheinen garantiert ist.

Der große Vorteil von »Ich-Botschaften« ist, dass Meinungsäußerungen keine verletzende Kritik darstellen und keine Konfrontationssituation herbeiführen. Vielmehr ist der Grundton: Ich habe ein Problem – bitte hilf mir! Dem Gegenüber wird das Einlenken oder die konstruktive Suche nach einer Lösung wesentlich erleichtert.

Achten Sie dabei darauf, dass Sie Ihre »Ich-Botschaft« korrekt formulieren und nicht als verkleidete »Du-Botschaft« senden. So ist die Formulierung »Ich finde, du bist unordentlich« eine maskierte »Du-Botschaft«, weil »finden« kein Gefühl darstellt. Bedenken Sie auch, dass rhetorische »Weichmacher« Ihre Aussage verwässern. In dem Satz »Ich bin ein bisschen besorgt, weil du in letzter Zeit manchmal zu spät gekommen bist« sollten Sie »ein bisschen« und »manchmal« weglassen, damit Ihre Botschaft klarer und kraftvoller klingt.

Und schließlich: Formulieren Sie Ihre Bitte produktiv, sagen Sie also, was Sie sich wünschen (»Bitte sei pünktlich!«), und sagen Sie nicht, was Sie nicht wollen (»Bitte sei nicht unpünktlich!«).

Gefühle, die ausdrücken, dass unsere Bedürfnisse nicht erfüllt sind		
abgespannt	faul	nervös
ärgerlich	feindselig	niedergedrückt
aggressiv	festgefahren	perplex
angespannt	frustriert	pessimistisch
ängstlich	furchtsam	rastlos
argwöhnisch	gereizt	ratlos
aufgeregt	geladen	reizbar
ausgelaugt	gleichgültig	ruhelos
bange	grauenvoll	sauer
bedauernd	heftig	schrecklich
bedrückt	heiß	schwer
bekümmert	hilflos	schwunglos
betroffen	in sich gekehrt	seltsam
betrübt	irritiert	schüchtern
beunruhigt	jämmerlich	streitlustig
deprimiert	kalt	skeptisch
distanziert	kläglich	schuldig
durcheinander	kühl	sorgenvoll
eifersüchtig	kribbelig	teilnahmslos
einsam	kummervoll	traurig
entrüstet	lasch	trotzig
elend	lau	überrascht
ermüdet	leblos	unbehaglich
entsetzt	lethargisch	unnahbar
empfindlich	lustlos	ungeduldig
erschreckt	matt	unglücklich
erbärmlich	melancholisch	unsicher
ernst	miserabel	verbittert

erregt erschöpft erschrocken	müde mürbe mürrisch	verwundert wütend zornig

Quelle: Bähner, Christian; Oboth, Monika und Schmidt, Jörg: Praxisbox Konfliktklärung in Teams & Gruppen, Paderborn 2008, Seite D19

Gläser-Trick: Trinken Sie genug

Des Öfteren kommt meine Frau abends aus dem Büro nach Hause und klagt über Kopfschmerzen. Ich frage sie dann:

»Und, Schatz, wie viel hast du heute getrunken?«

»Zwei Tassen Kaffee.«

»Mehr nicht?«

»Nö, das war's.«

»Kein Wunder, wenn du dann Kopfschmerzen hast!«

Im Vergleich zu meiner Gattin konsumiere ich ein Vielfaches an Flüssigkeit. Ich habe mir angewöhnt, nacheinander folgende Getränke zu mir zu nehmen: Ein großes Glas heißes Leitungswasser direkt nach dem Aufstehen (das fördert den Stoffwechsel), einen Ingweraufguss, einen schwarzen Tee, einen Kaffee, einen Fencheltee, einen grünen Tee, einen Kamillentee. Das ist mein Trinkpensum bis zur Mittagszeit.

Warum ich saufe wie eine Kuh? Weil es mir guttut. Denn längst ist erwiesen und wohl auch bekannt, wie wichtig eine ausreichende und regelmäßige (!) Flüssigkeitszufuhr für unsere Gesundheit und für unser Leistungsvermögen ist. Wenn der Körper nicht angemessen mit Flüssigkeit versorgt wird, kann man nicht klar denken. Und wer dazu nicht in der Lage ist, nun, der braucht einfach länger für viele Aufgaben beziehungsweise bekommt sie erst gar nicht hin und wird so noch gestresster.

Doch vielen Menschen geht es wie meiner Frau – ihnen fällt es außerordentlich schwer, die empfohlene Trinkmenge von 30 Millilitern pro Kilogramm Körpergewicht pro Tag (das sind bei einer 70 Kilogramm schweren Person etwa 2 Liter) zu erreichen; häufig wird schlicht vergessen zu trinken. Manche haben auch einfach keinen Durst.

6 Kniffe, mit denen Sie leichter auf Ihr Flüssigkeitsquantum kommen

1. Wenden Sie den Gläser-Trick an: Ersetzen Sie die üblichen Gläser mit 0,2 Litern Inhalt durch größere Trinkgefäße mit mindestens 0,3 oder besser noch 0,4 Litern Fassungsvermögen. Der Hintergrund: Wir neigen dazu, ein Glas auszutrinken, unabhängig davon, wie viel Inhalt es hat.
2. Gewöhnen Sie es sich an, fünf Mal am Tag ein Glas Wasser zu trinken. Als Merkhilfe können Sie Ihre Hand verwenden: Wenn Sie das erste Glas getrunken haben, dann knicken Sie kurz Ihren Daumen um, beim zweiten Glas den Zeigefinger und so weiter.
3. Bauen Sie Trinkrituale in Ihren Alltag ein, z. B. dass Sie immer um 10 Uhr ein Glas Wasser trinken oder unmittelbar nach der Rückkehr aus der Mittagspause eine Kanne Tee kochen.

4. Stellen Sie jeden Morgen zwei Flaschen Mineralwasser auf Ihren Schreibtisch – so haben Sie Ihr »Tagesziel« immer im Blick.
5. Machen Sie es sich zur Regel, vor jeder Mahlzeit ein großes Glas Wasser zu trinken. Das hat den angenehmen Nebeneffekt, dass der Magen dann schon ein wenig gefüllt ist und Sie automatisch weniger essen.
6. Bitten Sie einen Kollegen, Sie regelmäßig mit Getränken zu versorgen. Gern können Sie sich wochenweise abwechseln: In allen geraden Kalenderwochen sind Sie als »Flüssigkeitspolizei« dafür verantwortlich, Ihren Kollegen mit ausreichend Wasser oder Tee zu bedienen, und in den ungeraden Wochen machen Sie es umgedreht.

Glückskeks-Phänomen: Nutzen Sie die Kraft sich selbst erfüllender Prophezeiungen

Der US-amerikanische Soziologe Robert Merton hat im Jahr 1949 als Erster das Phänomen der sich selbst erfüllenden Prophezeiung wissenschaftlich untersucht und beschrieben. Seine Erklärung: Vorhersagen treten oft nur deshalb ein, weil man ein bestimmtes Ergebnis erwartet und so selbst auf die Umwelt Einfluss nimmt, sie also bewusst oder unbewusst in die Richtung verändert, die man antizipiert. Deutlich wird dieser Mechanismus unter anderem am sogenannten Baskerville-Effekt: Amerikaner chinesischer und japanischer Abstammung erliegen besonders häufig am vierten Tag eines Monats einem Herztod. Warum? In China und Japan wird die Zahl 4 wie »Tod«

ausgesprochen, weshalb viele Menschen alles fürchten, was mit »4« zu tun hat, ähnlich wie bei uns die 13.

Ein anderes Beispiel: In einem Versuch gaben Ärzte Patienten mit einer bestimmten Herzerkrankung ein Medikament. Der Patientengruppe A sagte man, dass eine der Nebenwirkungen sexuelle Funktionsstörungen sein könnten. Gruppe B erläuterte man nur pauschal die Nebenwirkungen. Und Gruppe C wurde überhaupt nichts mitgeteilt. Unter diesen Patienten hatten 3 Prozent Schwierigkeiten im Bett. In B waren es 16 Prozent und in A sogar 31 Prozent – das »Glückskeks-Phänomen« hatte zugeschlagen.

Aus diesen beiden Beispielen können wir zwei Schlussfolgerungen ziehen. Erstens: Vermeiden Sie negative Vorhersagen, was Ihre Zukunft betrifft. Gemeint ist die sogenannte »Selbstverbalisation«. Reden Sie sich selbst nicht schlecht, sagen Sie also nicht: »Das schaffe ich nie«, sondern formulieren Sie so: »Wenn ich mich anstrenge, dann gelingt es.«

Zweitens: Machen Sie sich bewusst, dass sich selbst erfüllende Prophezeiungen auch Ihr Verhältnis zu anderen beeinflussen. Wenn Sie beispielsweise einen neuen Kollegen zum ersten Mal sehen und sich denken: »Puh, der sieht ja aus, als ob mit ihm nicht gut Kirschen essen ist!«, dann werden Sie höchstwahrscheinlich sehr bald genügend Anzeichen für unkooperatives Verhalten entdecken. Besser wäre es, wenn Sie sich denken: »Okay, der sieht nicht gerade sonderlich kooperativ aus. Aber vielleicht täusche ich mich auch. Jetzt warte ich erst mal ab.«

Google-Maps-Technik: Betrachten Sie Probleme mit großem Abstand

Eine Vorzeigeathletin für den deutschen Sport ist Britta Steffen. Die 1983 in Schwedt an der Oder geborene Schwimmerin hat während ihrer Karriere 23 Medaillen bei Olympischen Sommerspielen sowie Welt- und Europameisterschaften gesammelt. Dementsprechend hoch waren die Erwartungen an sie bei den Olympischen Sommerspielen 2012 in London. Doch statt Gold gab es nur enttäuschende Platzierungen. Steffen kommentierte dies in einem Interview so:

»Mein Scheitern ist kein Weltuntergang,
durch mich ist auch nicht der Weltfrieden gefährdet.
Also ist so weit alles okay.«

Ich finde diese Äußerung außerordentlich bemerkenswert, hören und lesen wir doch so oft nach sportlichen Niederlagen von Einzelkämpfern oder Teams Vokabeln wie »Katastrophe« und »Horror«. Auch im Beruf wird häufig genug der verlorene Kundenauftrag als Desaster bezeichnet, die verspätete Auslieferung einer Sendung als Tragödie tituliert und der krankheitsbedingte Ausfall eines Kollegen zum Drama erhoben. Anders Steffen: Sie hat die wahre Bedeutung ihres verfehlten Podestplatzes erkannt. Sie hat – wohl ohne es zu wissen – die »Google-Maps-Technik« angewendet:

Wir betrachten unser Leben und die darin auftauchenden Probleme meistens im Verhältnis 1 zu 1. Zoomen Sie sich heraus! Stellen Sie sich vor, Ihr Problem wäre ein Ort auf einer digitalen Landkarte, wie beispielsweise auf Google Maps. Drücken Sie auf das »Minus-Symbol« und vergrößern Sie den Maßstab! Sie werden Ihr Problem ganz schnell nicht mehr finden, ähnlich wie ein kleines Dorf verschwindet, sobald man den Maßstab erhöht. Irgendwann sind nur noch Großstädte zu sehen, und selbst diese erkennt man bald nicht mehr. **Führen Sie sich die Verhältnismäßigkeit Ihrer Sorgen und Probleme vor Augen und rücken Sie den Maßstab zurecht.**

Gummiband-Reflex: Bringen Sie Arbeitsmittel an ihren Aufbewahrungsort zurück

Klara besitzt so einen Ball an einem Gummiband, der, wenn man ihn wegwirft, blitzschnell wieder zurückfliegt. Meine Reaktionsgeschwindigkeit hat zwar im Laufe der Jahre reichlich nachgelassen, sodass es mir nicht immer gelingt, den Ball zu fangen. Dennoch leihe ich mir gelegentlich dieses Spielzeug aus und nehme es mit zu einer Vorlesung, um damit eine simple, wenngleich wichtige Regel zu verdeutlichen: **Bringen Sie Gegenstände/Arbeitsmittel, die Sie benutzt haben, unmittelbar nach Beendigung Ihrer Tätigkeit wieder zurück an ihren Aufbewahrungsort.**

Stellen Sie sich vor, dass alle Utensilien, die Sie benutzen, ein imaginäres Gummiband besitzen, das sie wieder an ihr »Zuhause« befördert. Auf diese Weise verhindern Sie, dass Sie Dinge suchen müssen beziehungsweise dass Chaos an Ihrem Arbeitsplatz entsteht.

Haltestellen-Trick: Halten Sie sich körperlich fit

In welcher Position verbringen Sie den größten Teil des Tages? Im Sitzen! Was ist Ihre größte körperliche Anstrengung unter der Woche? Den Ordner A–K ins dritte Regalfach zu stellen! Wann steigt Ihr Puls über 140? Wenn Sie der Chef mal wieder nervt! Sie merken schon, worauf ich hinauswill: Viele Büroarbeiter bewegen sich während der Arbeitszeit kaum noch. Und in ihrer Freizeit lümmeln sie gemeinsam mit ihrem inneren Schweinehund auf der Couch und zappen sich durchs Abendprogramm.

Seit Jahrzehnten beobachten Mediziner mit Sorge die zunehmende Faulheit der Bevölkerung. Sicher, es gibt auch Sportfanatiker, die jede freie Minute im Fitnessstudio sind oder sich am Wochenende aufs Rad schwingen. Aber die Mehrheit der Erwachsenen geht den bequemen Weg – mit fatalen Folgen für die Gesundheit. Wenn man ständig unterhalb der Belastungsgrenze bleibt, riskiert man langfristig schwerwiegende Krankheiten: Arthrose, Bandscheibenleiden, Osteoporose, Herz-Kreislauf-Erkrankungen, Diabetes (Typ II) und ein geschwächtes Immunsystem sind die leidvollen Konsequenzen mangelnder Bewegung.

Nun ist dies kein Gesundheitsratgeber, auch liegt es mir fern, als Sprachrohr des Bundesgesundheitsministers zu agieren. Wohl aber sollen die wohltuenden Folgen physischer Aktivität für unseren Gemütszustand aufgezeigt werden. Die Wirkungskette ist banal: Wer sich in einer guten Konstitution befindet, dem gehen körperliche sowie geistige (!) Tätigkeiten einfach leichter von der Hand und der ist entspannter. Denn: Wer nur faul auf dem Sofa chillt, schädigt seine Knochen, Lunge, Herz und Darm.

Die psychischen Begleiterscheinungen sind nicht minder negativ: Bewegungsmangel führt zur Trägheit im Denkprozess. Die Leistungsbereitschaft lässt genauso stark nach wie die Aufmerksamkeit. Das Kurzzeit-Gedächtnis läuft nicht mehr rund, und sogar so einfache Fähigkeiten wie Sprechen, Schreiben und Reden fallen schwerer. »Wer drei Wochen nur auf der faulen Haut liegt, vermindert seine kognitiven Fähigkeiten um 20 bis 30 Prozent«, behauptet Professor Hans-Georg Predel, Sportmediziner und Prorektor der Deutschen Sporthochschule Köln. Man muss weder Psychologe noch Orthopäde sein, um zu erkennen: **Wer fit ist, fühlt sich einfach besser, hat mehr Zeit für andere Dinge und ist damit entspannter.**

Was also kann man tun, um sich mehr zu bewegen? Hier fünf Anregungen, die selbst von notorischen Sesselhockern angewendet werden können.

Fünf Anregungen für notorische Sesselhocker

1. Wenn Sie mit dem PKW zur Arbeit kommen: Parken Sie das Auto so weit wie möglich vom Firmeneingang weg. Wenn Sie mit Bus oder S-/U-Bahn fahren, dann wenden Sie den Haltestellen-Trick an: Steigen Sie eine Station vorher aus!
2. Machen Sie es sich zur Regel, immer die Treppe und nicht den Aufzug zu benutzen.
3. Führen Sie Telefonate im Stehen.
4. Regen Sie an, Besprechungen im Stehen durchzuführen. Schöner Nebeneffekt: In der Regel dauern stehend durchgeführte Sitzungen deutlich kürzer.
5. Gehen Sie in der Mittagspause mindestens zehn Minuten spazieren – bei jedem Wetter und in jeder Umgebung, auch wenn Ihnen nur der Firmenparkplatz zur Verfügung steht.

Freilich reichen solche Aktivitäten nicht aus, um die Fitness eines Ironman zu erlangen. Sie sind jedoch zumindest ein Anfang und machen vielleicht Lust darauf, in der Freizeit etwas mehr Sport zu treiben.

Hamburger-Regel: Geben Sie konstruktives Feedback

Im Berufsleben kommt es immer wieder vor, dass wir gebeten werden, einem anderen Feedback zu geben – sei es eine Rückmeldung zu einem Arbeitsergebnis, einer Idee oder einem bestimmten Verhalten. Dies ist eine gefährliche Situation mit Stresspotenzial, erwarten doch die meisten Menschen Bestätigung, wenn nicht gar jubelnde Zustimmung. Was aber, wenn Sie ehrlicherweise denken, dass das, was Sie beurteilen sollen, eher unterirdisch schlecht war? Wer ein wenig Herzensbildung besitzt, verkneift es sich natürlich, offen zu sagen: »Das ist/war totaler Schrott!« Wer die gegenteilige Strategie anwendet und blumige Worte, Floskeln oder geheucheltes Lob äußert, hilft dem anderen aber auch nicht weiter.

Wie also kann man konstruktive Kritik vorbringen, ohne sein Gegenüber zu verletzen? Eine vielfach bewährte Methode ist der sogenannte »Feedback-Burger«: Den fünfteiligen Aufbau eines positiv-wahrheitsgemäßen Feedback-Gesprächs kann man sich einfacher merken, wenn man an einen Hamburger denkt, so wie ich es versucht habe, in der Abbildung darzustellen.

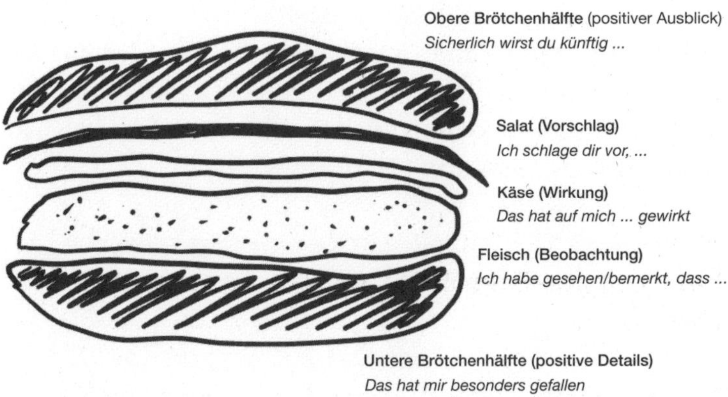

Die untere Brötchenhälfte steht für Lob und Anerkennung, die Hervorhebung eines positiven Details: »Mir hat besonders dein engagierter Vortragsstil gefallen.« Das Fleisch symbolisiert Ihre Wahrnehmung: Was habe ich beobachtet? Seien Sie hier so präzise wie möglich und hüten Sie sich vor Verallgemeinerungen. Sagen Sie also nicht: »Du hast bei deinem Vortrag zu schnell gesprochen«, sondern: »Ich habe bemerkt, dass dein Sprechtempo sehr schnell war.« Die Käse-Schicht versinnbildlicht die Wirkungsebene: Was hat das Beobachte bei Ihnen bewirkt? Zum Beispiel: »Durch das hohe Sprechtempo konnte ich dir kaum folgen.« Den Abschluss des Innenteils bildet das Salatblatt; hier bringen Sie einen möglichst spezifischen Wunsch oder (Verbesserungs-)Vorschlag an: »Wenn du bei deinem nächsten Vortrag öfter Pausen machst, haben die Zuhörer mehr Zeit zum Nachdenken.« Oben drauf kommt noch die zweite Brötchenhälfte mit einem versöhnlichen, möglichst positivem Fazit oder einem ermutigenden Ausblick: »Sicherlich wird es dir leichtfallen, diesen Hinweis umzusetzen und dann noch bessere Vorträge zu halten.«

Wer mit dem Feedback-Burger arbeitet, schafft den Spagat, ehrliche Kritik hervorzubringen, ohne den anderen zu verletzen.

Hasenfußfarn-Effekt: Umgeben Sie sich mit Zimmerpflanzen

Neulich besuchte ich einen Kunden, der sehr viel Wert auf die Einrichtung seiner Büros legt. Gleich im Eingangsbereich zog eine fantastische Blumenampel meine Aufmerksamkeit auf sich. Ich wollte wissen, um welche Art es sich handelt. Für meinen Kunden war dies der Startschuss zu einem viertelstündigen Monolog. Der Hasenfußfarn sei nicht ganz so schwierig in der Pflege wie manche anderen Farne. Erkennungszeichen seien seine braunen, behaarten Rhizome. Ich nickte verständnisvoll, ohne irgendeine Vorstellung davon zu haben, was ein »Rhizom« ist.

Wieder zu Hause googelte ich den Begriff. Dabei stieß ich auf ein paar sehr interessante Internetseiten, die sich mit den positiven Auswirkungen von Pflanzen am Arbeitsplatz beschäftigten. Erstaunliches war da zu lesen, wie etwa, dass die Mitarbeiter in begrünten Büros jährlich drei Tage weniger krank sind oder dass das bloße Ansehen von Pflanzen zu einer deutlichen Stressminderung führt und die Erinnerungs- sowie Konzentrationsfähigkeit steigen lässt.

Die wohltuenden Effekte von Zimmerpflanzen sind nach Auskunft von Psychologen Ergebnis unserer Stammesgeschichte. Menschen würden seit jeher Grün als existenzsichernd empfinden. Wie auch immer: Wer sich Hasenfußfarn, Ficus & Co. ins Büro stellt, ist in aller Regel entspannter und produktiver als Kollegen ohne Grün am Arbeitsplatz. Es könnte also durchaus lohnend sein, mal beim Gärtner oder im Baumarkt ein paar Euro für Grünpflanzen zu investieren.

Ach ja, und damit Sie nicht selbst nachschauen müssen: Ein Rhizom ist ein »meist unterirdisch oder dicht über dem Boden wachsendes Sprossachsensystem«.

Hirschhausens Schnelltest: Achten Sie auf Ihre grundlegenden körperlichen Bedürfnisse

Von meiner Frau bekam ich vor ein paar Jahren einmal Karten für einen Live-Auftritt von Dr. med. Eckart von Hirschhausen geschenkt. Für den Fall, dass Sie diesen Namen zum ersten Mal hören: Hirschhausen ist ausgebildeter Arzt und arbeitet heute als Kabarettist und Schriftsteller. In seinem Soloprogramm »Glück kommt selten allein«, das ich mit meiner Frau besuchte, wies er darauf hin, dass wir nicht immer in gleicher Weise auf Alltagsärgernisse reagieren, da unser Verhalten maßgeblich von unserer momentanen Verfassung abhängt. Und diese wiederum wird sehr stark davon beeinflusst, wie gut unsere grundlegenden körperlichen Bedürfnisse erfüllt sind, unter anderem, wie hoch/niedrig unser Zuckerspiegel ist, ob wir ausgeschlafen sind und ob wir genügend frische Luft abbekommen haben.

Den von Hirschhausen vorgeschlagenen Schnelltest finde ich genial – mit drei einfachen Fragen können wir überprüfen, ob unsere Grundbedürfnisse befriedigt sind. Wenn wir also mal schlecht drauf sind, dann sollte die erste Maßnahme sein, den Schnelltest durchzuführen und gegebenenfalls entsprechend zu reagieren.

Schnelltest von Eckart von Hirschhausen

- Habe ich genug gegessen, oder bin ich vielleicht unterzuckert?
- Habe ich ausreichend geschlafen, oder bin ich vielleicht übermüdet?
- Habe ich mich genügend (an der frischen Luft) bewegt, oder bin ich vielleicht mangels Sauerstoff leicht reizbar?

I/J

Ikarus-Effekt: Überschätzen Sie sich nicht

Zur Vorbereitung auf unseren Griechenland-Urlaub habe ich ein kleines Plakat mit den wichtigsten Redewendungen gestaltet und an den Kühlschrank gehängt. Schließlich wollen wir uns als gute Touristen zeigen und wenigstens »Danke« (efkaristo) und »Bitte« (parakalo) in der Landessprache beherrschen. Beim Frühstück üben wir gemeinsam die Vokabeln. Als der Abflugtermin näher rückt, wage ich es sogar in einem Anflug bildungsbürgerlichen Eifers, Niklas und Klara ein paar altgriechische Sagen näherzubringen. Offen gesagt war diesem Experiment nicht der erhoffte Erfolg beschieden. Nach ein paar Minuten sitze ich allein auf der Couch mit Gustav Schwabs *Die schönsten Sagen des klassischen Altertums.* Na ja, einen Versuch war's wert. So blättere ich in dem Taschenbuch, das noch aus meiner Schulzeit stammt. Als ich bei der Sage von Ikarus und Dädalos – Sie wissen schon: Der übermütige Ikarus kommt der Sonne zu nahe – angelangt bin, muss ich unweigerlich an den Dunning-Kruger-Effekt denken.

Die Psychologen David Dunning und Justin Kruger hatten im Jahr 1999 eine Variante der kognitiven Verzerrung beschrieben, die in vielen Lebensbereichen anzutreffen ist. Vereinfacht ausgedrückt besagt der Dunning-Kruger-Effekt, dass inkompetente Menschen die Neigung haben, das eigene Können zu überschätzen. Wie sonst kommt es zum Beispiel, dass 84 Prozent der französischen Männer meinen, überdurchschnittlich gute Liebhaber zu sein, obwohl es ja eigentlich genau 50 Prozent sein müssten. Ähnlich verhält es sich mit den 90 Prozent der Schweden, die glauben, überdurchschnittlich sichere Autofahrer zu sein.

Auf den Punkt gebracht: Wir überschätzen unsere eigenen Fähigkeiten – sei es aus Hochmut (wie bei Ikarus) oder schlicht, weil wir es nicht besser wissen. Wahrscheinlich gehören Sie zu der Gruppe von Menschen, die ihre Kompetenzen richtig einzuordnen wissen. Dennoch schadet es nicht, sich gelegentlich zu fragen, ob man ein realistisches Selbstbild hat.

iPhone-Phänomen: Glauben Sie nicht alles, was Sie hören oder lesen

Kurz vor dem Erstverkaufstag des iPhone5 tauchte im Internet das Gerücht auf, Apple hätte neue, absolut ungewöhnliche Schrauben verwendet, die nur mit einem Spezialwerkzeug bewegt werden können, um so zu verhindern, dass Bastler das Smartphone manipulieren. Nachdem das Gerücht zum ersten Mal vernommen wurde, dauerte es nur wenige Tage, bis es sich seinen Weg in die breite Öffentlichkeit gebahnt hatte. Renommierte Blogs und Analysten bezogen Stellung und kommentierten Apples Schrauben-Entscheidung. Was die Spezialisten (zunächst) nicht wussten: Es handelte sich um ein Experiment des Schweden Lukasz Lindell.

Lindell hatte mit einem Computer-Konstruktionsprogramm eine Fantasie-Schraube entworfen und dann in einem Blog das Bild eingestellt und dazu lediglich einen knappen Eintrag verfasst: »Ein Freund hat dieses Bild vor einiger Zeit bei einer Obstfirma aufgenommen. Die entwickeln jetzt offensichtlich sogar eigene Schrauben.« Die Pseudo-Nachricht mutierte in kürzester Zeit zur Wahrheit. So hieß es in einem Bericht: »Apple arbeitet an einer geheimen asymmetrischen Schraube, um zu verhindern, dass Anwender ihre Geräte öffnen können.«

Lindell veröffentlichte wenige Tage, nachdem er das Gerücht in Umlauf gesetzt hatte, einen Eintrag in seinem Firmenblog, in dem er erklärte, dass es sich um einen Schwindel handelt und er nur darauf aufmerksam machen wollte, dass man nicht alles glauben sollte, was im Internet zu lesen sei. Und ich füge hinzu: **Generell sollte man nicht sofort alles für bare Münze nehmen, was einem zu Ohren kommt oder was man liest.** Oft genug handelt es sich bei den Informationen, die wir wahrnehmen, um Halbwahrheiten oder schlichtweg falsche Aussagen. Und nicht immer müssen diese böswillig in die Welt gesetzt worden sein.

Also: Bevor Sie sich über etwas aufregen oder hektisch irgendetwas veranlassen, lohnt es sich, die Quelle der Information zu überprüfen. Aus wievielter Hand stammt die Aussage, die Abteilung würde restrukturiert? Hat der Chef wirklich zur Sekretärin gesagt, Müller bekäme die Projektleitung, oder hat er vielleicht nur von »Interims-Projektleitung« gesprochen? Könnte es sein, dass die Vertriebsabteilung den Liefertermin eventuell absichtlich etwas früher angegeben hat, damit ein Zeitpuffer vorhanden ist?

Jeder-Tag-ist-Silvester-Grundsatz: Fassen Sie kleine, erreichbare Vorsätze

An Silvester habe ich schon 17 Mal den Vorsatz gefasst, mit dem Rauchen aufzuhören. Und bestimmt mehr als ein Dutzend Mal habe ich mir vorgenommen, weniger zu naschen. Nun, spätestens an Heilige Drei Könige tigerte ich wieder zum Zigarettenautomaten. Die Kilopackung Goldbären war sogar noch vorher im Einkaufswagen. Ehrlich gesagt, bin ich einfach schlecht darin, gute Absichten auf Dauer in die Tat umzusetzen. Vor ein paar Jahren habe ich dann beschlossen, an Silvester keine Absichtserklärungen mehr abzugeben. Ich mache es jetzt anders: Ich nehme mir jeden Morgen eine Sache für den Tag vor, die ich ändern will, und zwar nur für heute! Das ist jeden Tag etwas anderes: Mal geht es darum, auf Schokolade zu verzichten, mal joggen zu gehen, mal mit Klara Cluedo zu spielen.

Der Unterschied dieser Technik zu den Vorsätzen, die man am Jahresende fasst: Man muss nur einen Tag durchhalten. Morgen können Sie wieder so weitermachen wie bisher. Morgen fassen Sie jedoch einen neuen 24-Stunden-Vorsatz.

Was soll das bringen? Statt unrealistische Veränderungen zu planen, die Sie ohnedies kaum durchhalten werden, haben Sie es zumindest einen Tag lang probiert und damit etwas Gutes getan. Vielleicht motiviert Sie der Erfolg ja, sodass Sie es einen weiteren Tag versuchen, aber eben ganz ohne Zwang. Wenn Sie scheitern, brauchen Sie sich keine Vorwürfe zu machen. Außerdem: Sie erringen einen kleinen Sieg über Ihren inneren Schweinehund. Ein schönes Gefühl!

Julia-Trick: Schreiben Sie sich Erinnerungszettel

Ich weiß nicht mehr, wo und wann ich dieses Foto gesehen habe, aber es ist mir noch bestens in Erinnerung. Ein zerwühltes Bett, links sieht man einen jungen Mann, der grübelt: Wie heißt wohl die hübsche Blonde neben mir, die noch schläft? Julia oder Steffi oder ...? Auf den zweiten Blick erkennt man auf der Stirn der schlafenden Schönheit einen quadratischen gelben Zettel mit ihrem Vornamen darauf. Das mag man sexistisch finden, aber darum geht es uns jetzt nicht, sondern um die schlichte Erkenntnis, dass einem das Schreiben von Erinnerungszetteln in vielen Situationen das Leben erleichtern kann.

Wenn ich beispielsweise zu einer Vorlesung ein paar Bücher mitnehmen will, dann notiere ich auf einem Post-it »Bücher« und hefte ihn ans Schlüsselbrett. Oder wenn ich im Auftrag meiner Frau auf dem Rückweg von der Hochschule bei der Reinigung vorbeifahren soll: Dann klebe ich einen Zettel mit »Reinigung« ans Armaturenbrett. Für solche Zwecke sind Erinnerungszettel hervorragend geeignet, nicht jedoch, um seine sämtlichen Aufgaben festzuhalten. Wer dies tut, riskiert schnell ein Zettelchaos, in dem jeglicher Überblick verloren geht. Dafür eignen sich »Logbücher« wesentlich besser (siehe »Raumschiff-Enterprise-Regel«).

Keine-ferngesteuerten-Autos-Prinzip: Verzichten Sie auf Regeln, wo es geht

Der Tag war anstrengend, aber erfolgreich. Endlich sitze ich im Airbus A321-100 auf dem Rückflug nach Frankfurt. Dort studiere ich – nachdem die Zeitung ausgelesen und ausnahmsweise kein Buch dabei ist – die Sicherheitshinweise. Daraus entnehme ich, wo sich die Notausgänge befinden und wie ich die Sauerstoffmaske anzulegen habe. Und mir wird mittels Piktogramm zu verstehen gegeben, dass Handys an Bord nicht eingeschaltet werden dürfen. Dass aber auch der Betrieb von ferngesteuerten Spielzeugautos nicht erlaubt ist – das ärgert mich. Hatte ich doch extra meinen RC-Geländewagen mitgebracht, um ihn geschickt zwischen den schlanken Beinen der Stewardessen kurven und dann effektvoll in den Getränkecaddy krachen zu lassen.

Auch meine Mitreisenden sind ganz enttäuscht, dass sie ihre ferngesteuerten Porsches und Jeeps nicht fahren lassen können. Mensch, was für ein Quatsch! Wer hat denn diese Sicherheitshinweise verfasst? Ein bisschen Nachdenken könnte wohl nicht schaden – wer schleppt schon solche Sachen mit an Bord? Dann könnte man ja auch gleich das Mitbringen und Einschalten von Kühlschränken oder Keyboards untersagen.

Die idiotischen Sicherheitshinweise an Bord von Flugzeugen sind ein Paradebeispiel für die interne Regelungswut in den Unternehmen – alles muss bis ins letzte Detail geklärt und beschrieben sein. Reisevorschriften, Radiergummibestellungsleitlinien und Rechtsunterzeichnerbefugnisse – in manchen Betrieben sind die hauseigenen Vorschriften umfangreicher als das Bürgerliche Gesetzbuch. Klar, ab einer gewissen Unternehmensgröße mag es vielleicht gar nicht anders gehen, da braucht man eindeutige Richtlinien. Muss aber wirklich alles bis in die kleinste Einzelheit festgelegt werden?

Die Marschrichtung lautet: Weg mit dem Ballast! Sicher, es muss Vorschriften geben – für und in Unternehmen. Gleichzeitig ist jedoch auch zu bedenken, dass jede Vorgabe Kosten verursacht, und zwar für das Aufstellen, Kontrollieren und gegebenenfalls auch Sanktionieren der Regel. Sonst wäre es allein aus wirtschaftlichen Überlegungen sinnvoll, gleich ganz darauf zu verzichten, denn der (vermeintliche) Nutzen steht oft nicht im Verhältnis zu den Kosten.

Noch aus einem anderen Grund verbietet sich manche Bestimmung: Sie entmündigt die Betroffenen und zeigt ihnen, wie wenig man ihnen vertraut. Ich kenne ein Unternehmen, das hat lediglich zwei Fragen aufgestellt, die allen Mitarbeitern als Richtschnur dienen:

1. Könnte ich mein Verhalten im Zweifelsfall gegenüber unseren Kunden rechtfertigen?
2. Was wäre, wenn morgen die Frankfurter Allgemeine Zeitung auf der Titelseite über mein Verhalten berichten würde?

So einfach geht es auch. Was ich sagen will: **Wann immer Sie die Chance haben, in Ihrem Unternehmen Regeln und Vorgaben zu beschränken – tun Sie es!** Falls Sie nicht die Macht dazu besitzen: Ermuntern Sie Ihre Vorgesetzten, zumindest darüber nachzudenken!

Übrigens: Bei meinem nächsten Flug werde ich Niklas' ferngesteuerten Traktor mitnehmen und ihn bei Erreichen der Reiseflughöhe auspacken. Ich bin gespannt, wie das fliegende Personal reagiert.

Kellner-Lektion: Vermeiden Sie »Leergänge«

Als Schüler und Student habe ich in einem Restaurant als Kellner gejobbt. Nun ja, Restaurant ist vielleicht etwas zu hoch gegriffen. Vielmehr war es ein Großgastronomie-Betrieb, der einem Modehaus angeschlossen war. Auch wenn es sich nicht um ein Sternelokal gehandelt hat, so habe ich doch von meinen Vollzeitkollegen eine wichtige Regel gelernt: **Geh niemals leer!** Wenn ich Schnitzel und Schweinebraten an Tisch 11 serviert hatte, ging ich auf dem Weg zurück zur Küche bei Tisch 14 vorbei und sammelte dort die leeren Gläser ein.

Obwohl meine Tage als Aushilfskellner nun schon über ein Vierteljahrhundert zurückliegen, beherzige ich noch heute die Kellner-Lektion. Wenn ich das Altpapier in den Keller bringe, nehme ich auf dem Rückweg ein paar Flaschen Bier aus dem Vorratsraum mit nach oben. Auch in einem übertragenen Sinn wende ich das Prinzip »Geh niemals leer!« an, etwa, wenn ich meine Ablage mache. Sobald ich ein neues Dokument einsortiere, prüfe ich, ob ich dafür ein altes entfernen kann.

Kessler-Zwillinge-Gebot: Strukturieren Sie Ihre Ablagesysteme in gleicher Weise

Für all jene unter meinen Lesern, die Schlaghosen und Wählscheibentelefone nicht mehr kennen, kurz zur Erläuterung: Die 1936 geborenen Zwillingsschwestern Alice und Ellen Kessler waren zwischen den 1950ern und 70ern sehr bekannte Revuetänzerinnen, die große Erfolge feierten. Ihr Markenzeichen waren ein brillant-synchroner Tanzstil und ihre frappierende Ähnlichkeit. Fremde konnten sie nur schwer auseinanderhalten – sie glichen einander wie ein Ei dem anderen. Und genauso sollte es auch bei der Struktur Ihres Ablagesystems sein.

Die meisten Büroarbeiter müssen mit mindestens drei verschiedenen Ablagesystemen arbeiten:

1. der klassischen Papierablage, also Hängemappen, Ordner, Stehsammler …
2. der Ordner-Struktur in ihrem E-Mail-Programm (wie Outlook oder Lotus Notes) sowie
3. den Verzeichnissen auf ihrem PC.

Da gibt es beispielsweise einen Vertragsentwurf, der mit einem Textverarbeitungsprogramm erstellt wurde und auf der Festplatte schlummert. Die zugehörige interne und externe E-Mail-Korrespondenz lagert in Outlook und der unterschriebene Papiervertrag in einem Ordner. Wenn nun zu diesem Vertrag Fragen auftreten, muss man alle drei Quellen anzapfen, um die nötigen Informationen zu erhalten. Leicht tut sich da derjenige, der ein einheitliches Ablagesystem verwendet. Lange suchen muss hingegen derjenige, der den physischen Vertrag im Ordner »Kunden G–L« verstaut hat, die E-Mails im Verzeichnis »Verträge« aufbewahrt und die digitalen Entwürfe unter »Verschiedenes« abgelegt hat. Deshalb meine Empfehlung: **Verwenden Sie für alle Ablagesysteme eine identische Struktur beziehungsweise Gliederung.**

Kit-Kat-Grundsatz: Machen Sie ausreichend Pausen

Kennen Sie den Slogan des Schokoriegels »Kit Kat«? Mit hoher Wahrscheinlichkeit haben Sie schon mal »Have a break, have a Kit Kat« gehört. Dieser einprägsame Werbespruch stammt übrigens aus dem Jahr 1958 und wird heute noch verwendet. Dies soll nun keine Schleichwerbung werden, sondern zu unserem Thema hinführen, das naheliegend »Pausen« heißt.

Etliche Studien haben zweifelsfrei nachgewiesen, dass man effektiver arbeitet, wenn man seine Tätigkeit öfter mal unterbricht. Diese Erkenntnis ist weder neu, noch ist sie unbekannt. Der gesunde Menschenverstand sagt uns, dass Körper und Geist regelmäßig Phasen der Regeneration brauchen – sowohl über den Tag verteilt als auch aufs gesamte Jahr gesehen. Und dennoch verstoßen wir nur allzu oft gegen diese biologische Binsenweisheit.

In der Annahme, wir könnten uns selbst austricksen, verkürzen wir die Vormittagspause zu einem Gang zur Kaffeemaschine. »Lunch is for loosers« – also löffeln wir unsere Tütensuppe, während wir weiter E-Mails bearbeiten.

Gerade dann, wenn wir Pausen am nötigsten hätten, wenn die Arbeitsbelastung (extrem) hoch ist, gerade dann arbeiten wir durch. Wer allerdings neun, zehn oder gar noch mehr Stunden nonstop arbeitet, ist deutlich weniger produktiv als jemand, der sich ausreichend Auszeiten nimmt. Je länger man pausenlos schuftet, desto mehr Fehler macht man, desto unkonzentrierter wird man, und desto weniger wollen sich gute Ideen einstellen.

Die Gleichung »Keine Pausen machen = früher in den Feierabend kommen« geht nicht auf. Erholungsphasen lassen sich nämlich nicht aufschieben. Man bewirkt also genau das Gegenteil des Beabsichtigten, wenn man auf Pausen verzichtet, um früher Schluss machen zu können.

Aber wie oft und wie lange sollte man Pausen einlegen? Diese Frage ist bislang von Medizinern und Psychologen noch nicht einvernehmlich beantwortet worden. Grundsätzlich empfehlen Experten, mehrere kleine und eine größere Pause zu machen. Spätestens nach zwei Stunden sollte man für mindestens fünf bis zehn Minuten die Arbeit ruhen lassen.

Es existieren zahlreiche Möglichkeiten, wie man Pausen nutzen kann. Entscheidend ist, dass Sie einen Weg finden, der Ihnen neue Energie liefert. Anders ausgedrückt: **Planen Sie die Pausengestaltung bewusst!** Vielfach geschieht das jedoch nicht, und der Erholungswert der arbeitsfrei verbrachten Zeit ist längst nicht so hoch, wie wenn man seine persönlichen »Kraftquellen« angezapft hätte.

Konkret: Überlegen Sie sich, welche Pausenaktivitäten Ihre Akkus aufladen, wie etwa Musik hören, spazieren gehen, mit Kollegen plaudern, mit dem Partner, Eltern oder den Kindern telefonieren . . . Oder unternehmen Sie eine kurze Traumreise. Suchen Sie sich einen Platz, an dem Sie unbeobachtet die Augen schließen können, und rufen Sie sich gute Erlebnisse in Erinnerung – sei es ein schöner Abend mit dem Partner, ein Ausflug ins Grüne, eine Feier mit Freunden oder der letzte Urlaub.

Versuchen Sie als Büroarbeiter, in Ihren Pausen auf »Kopfarbeit« zu verzichten – ungeeignete Beschäftigungen sind Zeitunglesen, Computerspielen oder Youtube-Videos schauen. Wesentlich besser sind alle Tätigkeiten, die Ihren körperlichen Einsatz erfordern.

Noch ein Vorschlag zum Schluss: Legen Sie jeden Tag – zusätzlich zu den »normalen« Pausen – mindestens drei Pausen à fünf Minuten ein, in denen Sie absolut nichts tun!

Kleiderschrank-Theorem: Achten Sie auf Ihre Aufnahmekapazität

Kaum wird es – meistens Mitte März – wieder wärmer, fühlen sich nahezu alle Menschen, die nur X-Chromosomen tragen, plötzlich so unangezogen und brechen auf zu Einkaufsbeutezügen. Die Kinder lassen sie dann in der väterlichen Obhut, murmeln so etwas wie »Es dauert nicht so lange, Schatz« und entschwinden Richtung Innenstadt. Während sich unsereins dann ein samstägliches Kinderbelustigungsprogramm einfallen lassen darf, verprassen die Damen das eigentlich für die Anschaffung eines neuen Computers zurückgelegte Geld. Stolz präsentieren sie nach spätabendlicher Rückkehr (übrigens ohne auch nur den leichtesten Anflug von Reue zu zeigen) ihre Eroberungen: drei Kombinationen fürs Büro, zwei Kleider, vier Röcke, drei Blusen, zwei Kilogramm Unterwäsche und eine neue Handtasche.

Es ist keineswegs so, dass ich meiner Liebsten nicht eine neue Garderobe gönnen würde – da verzichte ich sogar auf meinen neuen Computer –, aber allmählich stößt der Kleiderschrank an seine Kapazitätsgrenzen. Schon jetzt stehen mir nur noch 27 Prozent der gemeinsam genutzten Kleideraufbewahrungsfläche zur Verfügung. Irgendwann einmal ist auch die längste Kleiderstange behängt, lässt sich die letzte Schublade nicht mehr befüllen. Also habe ich eine klare Regel eingeführt: Für jedes Teil, das kommt, muss ein altes gehen.

Dies ist auch ein wirksames Prinzip der Arbeitsorganisation und gegen Überlastung. Entweder ein altes Projekt wird abgeschlossen, oder es heißt kategorisch »Nein« zum neuen Projekt. Entweder eine alte Aufgabe wird abgegeben, oder die neue Aufgabe wird nicht übernommen. Diese einfache Entscheidungsregel hilft, sich nicht zu verzetteln und nur so viel zu tun, wie man zu leisten in der Lage ist. Jeder Mensch hat nur eine bestimmte Kapazität. Wird diese (dauerhaft) überschritten, kommt es unweigerlich zu negativen Folgen: Es wird nur noch oberflächlich gearbeitet, es kommt zu langen Liegezeiten, und Fehler werden gemacht. Die Konsequenz: Die internen oder externen Auftraggeber sind unzufrieden, und manchmal entstehen sogar Schäden oder Unfälle; die Betroffenen leiden unter Dauerstress.

Das soll nun nicht heißen, dass man seine Leistungsgrenzen nicht ausreizt. Sich selbst herauszufordern, sich nicht mit dem Status quo zufriedenzugeben und sich selbst zu »pushen« – all dies sind Eigenschaften guter Führungskräfte. Diese zeichnen sich aber genauso dadurch aus, dass sie wissen, wie viel sie sich und anderen zumuten können, ohne dass die Qualität darunter leidet. Es geht also darum, das richtige Maß an Arbeitsbelastung zu finden.

Genauso, wie ein Kleiderschrank nur eine beschränkte Kapazität hat, so haben auch Sie nur eine bestimmte Aufnahmefähigkeit: **Für jedes neue Hemd (neue Aufgabe), das kommt, muss ein altes Hemd (alte Aufgabe) aussortiert werden.**

Kletter-Prinzip: Prüfen Sie Ihre Arbeitsergebnisse

Nur drei Minuten von uns zu Hause entfernt liegt einer der schönsten Kletterwälder Deutschlands. Kein Wunder also, wenn meine Kinder und ich dort schon öfter zum Klettern waren. Der Betreiber des Kletterwalds ist sehr stolz auf das verwendete Sicherheitssystem. Die Besonderheit daran ist, so hat er mir einmal erklärt, dass man sich völlig unbesorgt in zehn Metern Höhe bewegen könne, weil das »Expo-Glider-System« ein Umhängen der Sicherungsgurte entbehrlich macht. In anderen Kletterwäldern sowie beim freien Klettern gilt nämlich die (lebenswichtige) Regel, dass man immer zwei Mal prüfen sollte, ob man gesichert ist, bevor es weitergeht.

Nicht nur in luftiger Höhe, sondern auch am Schreibtisch ist dies ein guter Rat. Denn: Bedingt durch die Hektik des Alltags, nehmen wir uns oft nicht die Zeit, die Ergebnisse unseres Tuns zu prüfen. Briefe werden nicht Korrektur gelesen, sondern sofort ausgedruckt und verschickt, Formulare werden nur unvollständig ausgefüllt, oder es wird nur auf zwei von drei Punkten in einer E-Mail geantwortet. Dazu ein typisches Beispiel:

Von: Markus Krause
An: Jürgen Moser
cc: Sylvia Neubauer
Betreff: Planung Mitarbeiterversammlung

Hallo Herr Moser,

wegen der Vorbereitung auf die Mitarbeiterversammlung wollte ich noch wissen, ob Sie auch die Auftragseingangszahlen des letzten Quartals nennen wollen. Wenn ja, dann müsste ich diese von Frau Neubauer anfordern. Dann wäre zu klären, ob ich die AE-Zahlen zusammen mit den Umsätzen in einer Grafik oder in zwei getrennten Abbildungen bringen soll.

Vom Marketing habe ich übrigens eine Auswertung der Verkaufsförderungsaktion im März erhalten. Ganz schön interessant, wie die Maßnahme im Vergleich zu der vom Vorjahr Wirkung zeigt. Ich bin gespannt, ob wir davon noch länger profitieren werden.

Sollen zur Mitarbeiterversammlung eigentlich auch wieder die örtlichen Pressevertreter eingeladen werden, oder reicht es, wenn wir eine Pressemitteilung verfassen?

Freundliche Grüße
Markus Krause

########

Von: Jürgen Moser
An: Markus Krause
cc: Sylvia Neubauer
Betreff: RE: Planung Mitarbeiterversammlung

Ja, bitte auch die AE-Zahlen.
Pressemitteilung reicht.

VG
JM

########

Von: Markus Krause
An: Jürgen Moser
cc: Sylvia Neubauer
Betreff: RE: RE: Planung Mitarbeiterversammlung

Was die AE-Zahlen betrifft: Sollen die in eine Grafik mit den Umsatzzahlen oder separat?

Viele Grüße nochmals
Markus Krause

########

Von:	Jürgen Moser
An:	Markus Krause
cc:	Sylvia Neubauer
Betreff:	RE: RE: RE: Planung Mitarbeiterversammlung

2 Grafiken

JM

Dieses sehr einfache Beispiel zeigt, dass wir uns oft unnötig Arbeit aufhalsen, weil wir zu flüchtig sind. Hätte Herr Moser die erste E-Mail von Herrn Krause aufmerksam gelesen, dann wäre die zweite, nachfragende E-Mail nicht erforderlich gewesen. Wenn Herr Moser das Kletter-Prinzip beachtet und die Ursprungs-E-Mail vor dem Absenden seiner Antwort nochmals daraufhin geprüft hätte, ob er auf alle Punkte eingegangen ist, dann hätte er sich nicht erneut mit der Angelegenheit beschäftigen müssen, und Herrn Krause wäre ebenfalls Arbeit erspart geblieben. **Nehmen Sie sich also stets die Zeit, einen zweiten, prüfenden Blick auf Ihre Arbeitsergebnisse zu werfen, bevor Sie diese in Umlauf bringen.**

Kopfstand-Trick: Lösen Sie Probleme aus einer anderen Perspektive

Wie können wir die Kommunikation in der Abteilung verbessern? Wie gelingt es uns, die Auftragsabwicklung zu beschleunigen? Wie kommen wir zu neuen Kunden? Dies sind typische Fragen, die in Unternehmen immer wieder gestellt werden.

Auf der persönlichen Ebene wollen wir zum Beispiel wissen, wie wir eine Präsentation so gestalten, dass die Zuhörer begeistert sind. Oder uns interessiert, wie wir verhindern können, dass uns Kollege Mergner jeden Morgen das Ohr abkaut.

Egal, ob eher private oder betriebliche Themen: Wenn kreative Antworten gesucht sind, vielleicht sogar in besonders kurzer Zeit, dann haut unser Gehirn oft die Bremse rein. Nichts geht mehr – Denkblockade. In solchen Situationen kann der Kopfstand-Trick helfen.

Diese Kreativitäts-Technik finde ich deshalb so sympathisch, weil es (zunächst) nicht darum geht, besonders kluge Ideen zu entwickeln, sondern weil man so richtig destruktiv sein und klassische Denkpfade verlassen darf. Im Wesentlichen beruht diese Technik auf der Annahme, dass es Menschen leichter fällt, etwas zu kritisieren, als nützliche Vorschläge zu machen.

Wie funktioniert nun der Kopfstand-Trick? Zunächst sollten Sie Ihr Problem in Form einer Frage formulieren, so wie ich es oben bei den Beispielen getan habe. Dann vollführen Sie den Kopfstand und verkehren Ihre Frage in das Gegenteil, also beispielsweise: »Wie gestalte ich eine Präsentation so, dass die Zuhörer wegrennen?« Darauf suchen Sie nun Antworten, wie etwa: »Möglichst lange sprechen« oder: »Viel Text auf Folien schreiben«. Jetzt sind Sie der Lösung schon recht nahe, denn nun müssen Sie nur noch Ihre »falschen« Ideen wieder auf die Füße stellen und »richtige« Ideen daraus machen, also etwa: »Nur wenig Text auf Folien«.

Kotztüten-Paradoxon: Bewahren Sie nur wichtige Dokumente auf

Als Kind habe ich Kotztüten von Fluggesellschaften gesammelt. Meine Freunde bat ich um Spenden für meine Sammlung – aus jedem Urlaub mussten sie mir Spuckbeutel mitbringen. Ebenso erging es Bekannten meiner Mutter, die häufig auf Geschäftsreisen im weiter entfernten Ausland waren. Was anderen ihre Briefmarkenalben, das war für mich mein Regal mit den Speibsackerln, wie man in Österreich sagt. Um es kurz zu machen: Wie so oft im Leben verliert man irgendwann das Interesse an einer bestimmten Sache, und so übergab ich als Jugendlicher meine gesammelten Werke recht emotionslos dem Altpapier.

An diese Episode aus meiner Kindheit musste ich denken, als ich über das Paradoxon nachdachte, dass wir 99 Prozent der Unterlagen, die wir aufheben, nie mehr benötigen. Wir betreiben einen gigantischen Aufwand mit der Sammlung/Archivierung von Informationen, nur um irgendwann einmal ernüchtert festzustellen, dass wir sie eigentlich gar nicht brauchen. Wir schleppen unnötigen Ballast mit uns herum und verschwenden viel Zeit mit dem Verstauen von Dokumenten und Informationen.

Deshalb: **Legen Sie papierne oder elektronische Dokumente und Mails nur dann in entsprechenden Verzeichnissen/Ordnern ab, wenn der Inhalt später noch von Bedeutung ist.**

Überhaupt: Machen Sie sich grundsätzlich Gedanken zum Thema Archivierung! Viele Menschen entwerfen und pflegen ein ausgeklügeltes Ablagesystem, was sehr viel Zeit kostet. Doch häufig ist es so, dass gerade die »Ordnungsfetischisten« nur selten auf archivierte Mails/Dokumente/Artikel ... zurückgreifen müssen. Wenn Ihr Job es selten verlangt, auf alte Dokumente zurückzugreifen, dann sollten Sie ernsthaft überlegen, ob Sie tatsächlich ein differenziertes Ablagesystem benötigen (sofern dies mit den Firmenrichtlinien im Einklang steht) oder ob eine schlichtere Struktur ausreicht.

Wenn Sie unsicher sind, ob Sie ein Dokument – egal, welcher Art – aufheben müssen, dann können Ihnen die »UVee-Fragen« die Entscheidung erleichtern. Bewahren Sie ein elektronisches oder papiernes Schriftstück nur auf, wenn die Antwort wenigstens einmal »Ja« lautet.

»UVee-Fragen« zur Archivierung

- U: »Gibt es ein **U**nglück, wenn ich das nicht aufhebe?«
- V: »Gibt es eine **V**orschrift, das aufheben zu müssen (zum Beispiel bei steuerlich relevanten Belegen)?«
- e: »Werde ich das Schriftstück innerhalb **e**ines Jahres brauchen?«
- e: »Ist das Dokument **e**inmalig, oder hat jemand anderes eine Kopie?«

Kunstpflanzen-Effekt: Geben Sie genaue Anweisungen

Inzwischen sind die Kinder älter, und es ist an der Zeit, sie an den häuslichen Pflichten zu beteiligen. Nach langen Verhandlungen macht Klara den Katzenklo-Dienst, und Niklas erklärt sich – auf recht massiven Druck hin – dazu bereit, die Pflanzenpflege zu übernehmen, unsere Zimmerpflanzen also einmal wöchentlich zu gießen. Am heutigen Sonntag ist es das erste Mal so weit. Ich drücke ihm die Gießkanne in die Hand und schicke ihn los.

Das Ergebnis: Sämtliche Blumenstöcke und Grünpflanzen bekommen ein Vollbad verpasst. In jedem Kübel steht das Wasser mehrere Zentimeter hoch. Ob Kaktus oder durstiges Tropengewächs – Niklas macht da keine Unterschiede. Selbst die sechs Kunstfarne, die im Schlafzimmer stehen, werden großzügig mit Wasser bedacht.

Die Lehre daraus? **Nimm dir stets die Zeit und unterweise andere (beim ersten Mal) genau, was zu tun beziehungsweise worauf zu achten ist. Und sprich genau aus, was du möchtest.**

Lahn-Dill-Kreis-Trick: Nutzen Sie Abkürzungen als Erinnerungshilfen

Kennen Sie das: Gerade hatten Sie einen genialen Einfall, oder Ihnen ist eine dringend zu erledigende Aufgabe eingefallen ... und kurz darauf können Sie sich nicht mehr daran erinnern, selbst wenn Sie es noch so sehr versuchen. Das können Sie vermeiden, wenn Sie Ihre Merkfähigkeit trainieren und sich eines simplen Tricks bedienen.

Wenn ich zur Vorlesung fahre und mir die Ideen, die unterwegs kommen, nicht aufschreiben kann, wenn ich in einem Vortrag drei Punkte erwähnen und ohne Sprechzettel reden möchte, wenn ich unter der Dusche stehe und mir zwei To-dos für den heutigen Tag einfallen – in all diesen Situationen wende ich den Lahn-Dill-Kennzeichen-Trick ein, den ich mir ausgedacht habe. Und der geht so: ...

Der Autokennzeichen-Trick

1. Ich merke mir den jeweils ersten Buchstaben der Idee/des Gedankens/der zu erledigenden Aufgabe, wie etwa L(ars) anrufen – K(ontrolle) der Teilnehmerliste für Exkursion – D(ienstag) Kinder vom Tennis abholen.
2. Ich überlege mir, in welche Reihenfolge ich die Anfangsbuchstaben bringen muss, damit sich daraus eine mir bekannte Kombination ergibt. Im Beispiel wäre das das Autokennzeichen des Lahn-Dill-Kreises (LDK).
3. Ich stelle mir ein Auto mit dem Kennzeichen LDK vor und präge mir dieses imaginäre Bild ein.
4. Sobald ich wieder einen Stift und Zettel zur Hand habe, notiere ich die drei Buchstaben und den jeweiligen Text dahinter.

Statt Autokennzeichen können Sie auch folgende Kategorien verwenden:

- Firmennamen (BASF, EON)
- Produktnamen (UHU, TESA)
- Vornamen (KARL, UTE)
- Flughafencodes (FRA, MUC)

Egal, aus welchem Bereich Sie sich bedienen – entscheidend ist, dass Sie sich die Abkürzung beziehungsweise den Namen bildhaft vorstellen können; es darf sich also nicht um abstrakte Abkürzungen handeln.

Landebahn-Regel: Halten Sie Ihren Posteingang frei

Wie häufig passiert es Ihnen, dass Sie eine E-Mail lesen und dann nichts machen, sondern die Mail einfach wieder schließen? Sei es, weil Sie denken, Sie hätten jetzt nicht genügend Zeit zur Bearbeitung beziehungsweise Beantwortung, sei es, weil Sie schlicht vergessen, die Mail zu löschen, oder sei es, weil Sie zu faul sind, die E-Mail abzulegen.

Wie machen Sie es denn zu Hause? Post, die Sie aus dem Briefkasten genommen und gelesen haben, stopfen Sie doch auch nicht wieder zurück in den Briefkasten, oder? Genau das passiert aber oft mit dem E-Briefkasten. Dabei ist der E-Mail-Posteingang – bildlich ausgedrückt – ausschließlich eine Landebahn und kein Hangar oder Gate. Flugzeuge, die gelandet sind, müssen unmittelbar die Runway verlassen, um keine Zusammenstöße mit nachfolgend landenden Fliegern zu riskieren. Im übertragenen Sinn trifft das auch auf E-Mails zu. Deshalb: **Entfernen Sie elektronische Nachrichten sofort aus dem Posteingang!**

Nachrichten, die Sie aus dem Posteingang heraus öffnen, sollten entweder

1. direkt beantwortet oder weitergeleitet,
2. gelöscht,
3. abgelegt oder
4. in einen Ordner »zu bearbeiten« verschoben werden.

Werden E-Mails nicht nach einer dieser vier Regeln behandelt, wird der Posteingang innerhalb kürzester Zeit mit Mails verstopft, die bereits gelesen wurden. Die zeitfressende Folge: Mails werden zwei- mitunter sogar dreimal gelesen, bevor sie ihren Weg aus dem Posteingang finden. Nicht nur das: Sie benötigen zusätzliche Zeit, um sich in den jeweiligen Sachverhalt hineinzudenken. Diesen berüchtigten Sägezahneffekt vermeiden Sie, wenn Sie beim ersten Lesen einer Mail entscheiden, wie Sie damit verfahren.

Die Landebahn-Regel gilt übrigens nicht nur für den E-Mail-Posteingang, sondern auch für Ihren physischen Schreibtisch: Jedes neue Dokument, das dort auftaucht (Post, Kataloge, Aktennotizen, Memos ...), sollten Sie sofort in das entsprechende Ordnungssystem (Hängemappe, Postkorb, Ordner) einsortieren, damit Sie einen stets freien Arbeitsplatz haben.

Laubrechen-Prinzip: Vermeiden Sie Perfektionismus

Spätestens Ende Oktober heißt es für mich: Raus in den Garten, Laub rechen. In unserem Garten stehen vier alte Eichen, die sich alle erdenkliche Mühe geben, ihre Äste mit Blättern zu zieren. So schön der Anblick im Frühjahr und Sommer ist, so sehr stöhne ich angesichts der riesigen Mengen an Laub, die im Herbst anfallen. Doch Jammern nutzt nichts – die Blätterberge müssen entfernt werden. Also greife ich zum Laubrechen. Dieser ist veränderbar. Ich kann die Zinken eng stellen, sodass mir kein einziges

Blatt entgeht, oder ich vergrößere den Abstand und kann so mehr Blätter auf einmal erwischen, allerdings mit dem Nachteil, dass das eine oder andere Blatt liegen bleibt. Ich kann also mit einem höheren Aufwand (enge Zinkenstellung) 100 Prozent des Laubs einsammeln oder mit weniger Bemühungen (weite Zinkenstellung) vielleicht drei Viertel des Blattwerks zusammenraffen.

Nicht nur bei der Gartenarbeit haben wir die Wahl, perfekt zu arbeiten, was länger dauert, oder ein ausreichendes Arbeitsergebnis mit weniger Aufwand zu erzielen. Sie können sich stundenlang mit dem Layout einer Präsentation aufhalten und verschiedene Farbkombinationen testen – oder Sie verwenden eine schlichte Schwarz-Weiß-

Darstellung. Sie können Ihren Kundenbrief fünf Mal überarbeiten, bis Sie zufrieden sind, oder Sie können das zwei Mal tun. Sie können ein Budget bis auf Bleistift-Niveau herunterbrechen, oder Sie können es pauschal für »Bürobedarf« erstellen.

Das Laubrechen-Prinzip besagt nun, dass man sich bei jeder Tätigkeit Gedanken darüber machen sollte, wie gut das Ergebnis sein soll. Oft genügen nämlich 80 Prozent oder weniger. Der Aufwand, um die restlichen 20 Prozent zu erreichen, steht häufig nicht mehr im Verhältnis zum Zugewinn an Nutzen. Die Betriebswirtschaftslehre nennt diesen Zusammenhang »Das erste Gossen'sche Gesetz« oder auch Gesetz vom abnehmenden Grenznutzen beziehungsweise Sättigungsgesetz. Auf gut Deutsch: Mehr muss nicht immer besser sein!

Malermeister-Erkenntnis: Machen Sie sich klar, dass Sie nur einer von vielen sind

Malermeister Kunkel steht im Zimmer meiner Tochter und zeigt ihr eine Farbkarte. Klara möchte nämlich die öde weiße Wand gern farbig haben. Sie entscheidet sich für einen dunklen Rot-Ton. Bereits in der Woche darauf macht sich der Tüncher ans Werk. Er bittet mich, ihm zu helfen, den Schrank vorzurücken. Gemeinsam gelingt uns dies recht schnell. Doch was sehe ich: Auf dem ehemals schrankbedeckten Boden haben sich Berge von Flusen, Staub und Dreck aufgetürmt. Eine 10-Cent-Münze kommt ebenso zum Vorschein wie eine Urlaubspostkarte von Oma Doris und die lang gesuchte Karte »3B« aus dem Dino-Quartett. Wie peinlich – so ein Dreck in meinem Haus. »Also, das ist mir jetzt wirklich sehr unangenehm«, stammle ich und versuche wortreich zu erklären, dass wir ansonsten eine sehr saubere Familie seien. Der Maler nickt wissend und erklärt mir nur kurz: »Das ist überall so – mir ist das egal!«

»Mir ist das egal, ich erlebe das täglich, für mich ist das nichts Besonderes, ich mache ja nur meinen Job ...« Das ist es wohl, was der Handwerker denkt. Und nicht nur er:

Zahnärzte, Verkäufer, Bankberater, Reisebüroangestellte – sie alle machen nur ihren Job. Was für viele Mitarbeiter beziehungsweise Dienstleister alltäglich ist, hat für die Kunden/Betroffenen jedoch einen anderen Stellenwert. Der Zahn, der gezogen werden muss, mag der fünfte am Tag für den Zahnarzt sein – für uns ist es der erste im Leben. Die Reise, die wir buchen wollen, mag die siebte an diesem Dienstag für die Reisebürodame sein – für uns ist sie der lang ersehnte Höhepunkt des Jahres. Und das ist nicht nur im Kunden-Mitarbeiter-Verhältnis so, sondern auch intern: Das Beurteilungsgespräch beim Chef ist für uns einer der wichtigsten Momente im Berufsleben – für den Vorgesetzten ist es eines von 20 Gesprächen, das er in diesem Quartal zu führen hat. Auf unseren mühsam ausgearbeiteten Projektvorschlag bekommen wir statt eines ausführlichen Feedbacks lediglich ein lapidares »Danke« zu hören.

Was ich sagen will: Genau diese Diskrepanz zwischen dem Alltäglichen für den einen und dem Besonderen für den anderen ist es, die häufig zu Frustrationen und Enttäuschungen führt. Irgendwann wird aus dem Besonderen Routine. Joachim Fuchsberger hat das – in einem anderen Zusammenhang – sehr plastisch ausgedrückt:

> *»Beim ersten Mal kommt der Medizinstudent in die Anatomie und kotzt. Beim hundertsten Toten, den er auseinandernimmt, isst er eine Stulle.«*

Mir geht es ja ähnlich. Ich habe pro Jahr etwa 30 Abschlussarbeiten zu korrigieren. Das heißt, dass ich 30 Mal ein Kolloquium durchzuführen habe. Für 30 Studenten ist das jeweils der unbestrittene Höhe- und Schlusspunkt ihres mehrjährigen Studiums. Für mich ist das lediglich ein ganz normaler Termin in meinem Kalender, wobei ich mich natürlich darum bemühe, nicht diesen Eindruck zu erwecken. Ich versuche, jedes Kolloquium gleichermaßen ernst zu nehmen.

Wenn Sie sich das nächste Mal darüber aufregen, dass Sie nicht genügend Aufmerksamkeit oder Anerkennung von Ihrem Chef, von Kollegen oder Kunden erhalten, **machen Sie sich bewusst, dass Sie nur einer von vielen sind.**

Machen Sie sich auch klar, dass Ihre Vorgesetzten allein aus praktischen Gründen Ihnen gar nicht die Zeit und Anerkennung zuteilwerden lassen können, die Ihnen sicherlich zustehen würde. Außerdem: Mal ganz ehrlich – wie viel Aufmerksamkeit schenken Sie anderen? Erinnern Sie sich das nächste Mal, wenn Sie meinen, mehr Interesse und Empathie verdient zu haben, an die Malermeister-Erkenntnis!

Maultaschen-Methode: Nutzen Sie Leerzeiten

Ich bin gerade beim Kochen. Während sich das Wasser für die Maultaschen allmählich erhitzt, spüle ich schon die Salatschüssel und die japanischen Messer. Während die Zwiebeln fröhlich in der Pfanne vor sich hin dünsten, trockne ich das zuvor Gespülte ab. Solange sich die Maultaschen mit den Zwiebeln und Eiern in der Pfanne vergnügen, verstaue ich die Utensilien wieder in den Schränken und Schubladen. Auf diese Weise habe ich nach der Mahlzeit nicht so viel zu tun, und ich habe die Wartezeit sinnvoll genutzt.

Genau darum geht es mir: Wir müssen so oft im Leben warten: bis das Nudelwasser kocht, bis der Zug kommt, bis sich der Stau aufgelöst hat, bis die nette ältere Dame vor uns in der Supermarktschlange ihr Kleingeld herausgekramt hat, bis der Computer morgens hochgefahren ist ... Das sind zwar oft nur ein paar Minuten, doch diese summieren sich im Laufe der Zeit zu Stunden. **Nutzen Sie diese Leerzeiten für sinnvolle Tätigkeiten oder definieren Sie diese Momente des Wartens als Auszeiten, die Sie ganz bewusst genießen.**

McDonald's-Methode: Geben Sie jedem Ding seinen Platz

Ich habe unter anderem schon in Mexiko-City, Kairo, Singapur und Tokio Burger der amerikanischen Fastfood-Kette gemampft. Egal, wo ich war: In allen Filialen sah es gleich aus. Auch die Speisenauswahl war größententeils identisch. Das ist ja auch genau die Strategie des großen »M« – man soll sich überall blind zurechtfinden und sofort die Orientierung haben. Ähnliches sollte für Ihren Arbeitsplatz gelten, das heißt, Sie sollten stets wissen, wo Sie was finden. Dies erreichen Sie, indem Sie sich an den recht banalen Grundsatz halten: **Jedes Ding hat seinen Platz.**

Heben Sie den Locher also immer in der obersten Schublade Ihres Schreibtisches auf und nicht mal im Regal und dann wieder woanders. Verstauen Sie die Nachfüllpatronen für den Drucker immer im Schrank rechts unten, stellen Sie den Ordner »Interne Kommunikation« immer in die zweite Reihe und deponieren Sie das Ladekabel für Ihren Laptop immer im Rollcontainer. Wer sich an die McDonald's-Methode hält, verliert keine Zeit mit nervigen Suchaktionen und ist damit nicht nur entspannter, sondern auch effizienter.

MIT-Regel: Nehmen Sie sich für jeden Tag drei wichtige Aufgaben vor

Ich beginne meinen Arbeitstag mit einem Ritual: Ich nehme mir ein leeres DIN-A4-Blatt und notiere darauf meine drei wichtigsten Aufgaben, die ich heute unbedingt erledigen will – es sind meine »MITs« für diesen Tag, meine

Most
Important
Things!

Ich widerstehe der Versuchung, mir mehr vorzunehmen, denn sonst wären es ja nicht mehr die wichtigsten Dinge, sondern nur wichtige oder normale Aufgaben. Die Kunst besteht also darin, zu erkennen, was innerhalb der nächsten acht, neun oder zehn Stunden unbedingt erledigt werden muss. Das müssen nicht immer hoch strategische To-dos sein, und sie müssen auch nicht viel Zeit in Anspruch nehmen; für mich ist beispielsweise der Geburtstagsanruf bei Dieter – dem ich viel zu verdanken habe – ein MIT.

Egal, was tagsüber passiert und an Unvorhergesehenem dazwischenkommt – ich habe mir zur Regel gemacht, dass ich mein Büro nicht verlasse, bevor meine MITs erledigt sind. Deshalb versuche ich, sie gleich morgens zu bearbeiten. Das gibt mir Schwung für den Rest des Tages und das gute Gefühl, meinen Zielen ein wenig näher gekommen zu sein.

Motorsensen-Prinzip: Überlegen Sie genau, was Sie selbst besitzen müssen

Jedes Jahr im Herbst muss ich die Hänge in unserem Garten pflegen, das heißt vor allem, die Brombeerhecke und Gräser zurückschneiden. Am leichtesten geht das mit einer Motorsense. Dafür benötige ich etwa drei Stunden Zeit. Als meine alte Motorsense kaputt ging, wollte ich mir eine neue kaufen. Ich bat einen Freund um Rat, welches Modell er empfehlen könne. Er sagte nur: »Keines.« – »Warum?« – »Weil du blöd bist, wenn du dir eine eigene Sense kaufst! Nimm doch einfach meine.«

Wie recht mein Freund hat: Wozu soll ich eine eigene Sense besitzen, wenn ich sie lediglich drei Stunden im Jahr benötige? Ich lieh mir die angebotene Sense aus, gab den Kindern meines Freundes zehn Euro fürs Sparschwein als Dank und freue mich nun, ein Teil weniger in meinem Schuppen stehen zu haben.

Die Botschaft ist klar: **Man muss nicht alles selbst besitzen.** Besitz verpflichtet. Gehen Sie leichter durchs Leben und überlegen Sie, auf welche Arbeitsmittel und Gegenstände Sie verzichten können, weil Sie sie nur selten benötigen. Wenn Sie dann noch eine Möglichkeit gefunden haben, sich die Utensilien im Bedarfsfall auszuleihen, dann verschenken oder verkaufen Sie alles, was Sie nicht brauchen. Das fällt Ihnen vielleicht leichter, wenn Sie sich an diesen Spruch erinnern:

»Wenn du ein Glas Milch trinken willst,
brauchst du keine Kuh.«

Möwen-Axiom: Erholen Sie sich nach anstrengenden Phasen

Die erste Kreuzfahrt mit der Familie. Ich sitze an Deck, mit einem Glas Pinot Grigio in der Hand, und betrachte die gemächlich vorbeiziehende Küste Korsikas. Nun haben sich auch ein paar Möwen als Begleiter hinzugesellt. Ich beobachte ihren Flug. Nach ein paar kraftvollen Flügelschlägen lassen sie sich eine Weile vom Wind treiben und gleiten würdevoll dahin. So sollte es doch auch im Berufsleben sein, denke ich mir. **Auf Phasen der Anstrengung (Flügelschlag) sollten Phasen der Erholung (Gleiten) folgen.**

Wer dauerhaft an der oberen Grenze der Leistungsfähigkeit arbeitet, wird früher oder später einen Zusammenbruch bekommen. Klar, Stress gibt es immer wieder. In manchen Branchen ist das saisonal bedingt – zum Beispiel das Weihnachtsgeschäft im Einzelhandel – und in anderen eher zufallsabhängig, etwa, wenn das Unternehmen einen Großauftrag erhält. Menschen können durchaus längere Zeit ein besonders hohes Arbeitstempo beziehungsweise Stress aushalten. Wichtig ist nur, dass es anschließend eine Möglichkeit zur Regeneration gibt. Fehlt diese dauerhaft, ist es nicht weit bis zum Burn-out.

Wenn Sie also gerade mal wieder heftig mit den Flügeln schlagen (müssen), dann überlegen Sie sich, welche anstehenden Projekte und Aufgaben verschoben werden können, damit es in den darauffolgenden Wochen etwas ruhiger wird.

Ich weiß schon, was Sie jetzt denken: »Ha, der hat gut reden! Der Däfler soll mal mit meinem Chef sprechen. So einfach ist das nicht.« Ich gebe Ihnen Recht. Vielleicht hilft ein klärendes Gespräch mit Ihrem Vorgesetzten, in dem Sie versuchen, gemeinsam eine Lösung zu entwickeln. Das geht nicht mit Ihrem Boss? Dann bitten Sie sie/ihn ganz sachlich darum, einmal einen Blick in die Statistiken der Krankenkassen zu werfen. In deren Gesundheitsberichten wird eindeutig nachgewiesen, dass dauerhaft gestresste Arbeitnehmer öfter krank werden. Was nutzt Ihrem Arbeitgeber mehr: ein Mitarbeiter, der zu Hause im Bett liegt, oder einer, der ausgeruht am Schreibtisch sitzt und ebenso effizient wie effektiv arbeitet?

Museums-Effekt: Unternehmen Sie etwas Kulturelles

Mit meinem allerbesten, langjährigen Freund Marcus treffe ich mich alle paar Monate zum Plaudern. Mal gehen wir zum Chinesen, dann wieder gut bürgerlich essen oder – wenn es das Wetter zulässt – in einen Biergarten. Manchmal besuchen wir vor dem Essen eine Ausstellung – wir treffen uns dann am Eingang und schlendern gemeinsam durch die Säle. Ob Pop-Art, Surrealismus oder italienische Meister – Marcus und ich genießen diese Museums- und Ausstellungsbesuche. Für mich sind 90 Minuten im Museum erholsamer als ein paar Tage Urlaub. Die vielen Eindrücke, die geballte Kreativität und das handwerkliche Können der Künstler inspirieren mich, sie schenken mir Energie und lassen mich meine Alltagssorgen vergessen.

So wie mir geht es vielen Menschen, die ich kenne – sie schöpfen Stärke und Kreativität aus Konzerten, Theatervorstellungen, Vernissagen oder Opernaufführungen. Vielleicht wollen Sie auch mal testen, ob der Museums-Effekt bei Ihnen wirkt und Sie der Genuss von Kunst vitalisiert?

Nachbars-Rasen-Syndrom: Lernen Sie, zufrieden zu sein

Natürlich war es nur eine Frage der Zeit, bis ich weich werden und mich dem weiblichen Willen beugen würde. Monatelang hatten mich Klara und Heike bearbeitet:

»Papa, wir brauchen unbedingt zwei Minizwergkaninchen.«

»Nein, brauchen wir nicht.«

»Doch.«

»Aber wir haben schon zwei Katzen und einen Hund.«

»Na und, das macht nichts, wir kümmern uns darum, du musst gar nix machen.«

Ein paar Wochen später bin ICH es, der Maxi und Leonie aus dem Stall ins Freigehege umsetzt. Frau Gemahlin ist im Büro und Fräulein Tochter beim Klavierunterricht. Ich beobachte die beiden Bommelschwänze ein wenig. In ihrem Auslauf – respektable 2,20 m auf 1,20 m groß – lasse ich die Wiese bewusst hoch stehen, auf dass die Langohren genügend Futter zum Knabbern haben. Aber was machen die beiden? Strecken ihr Schnäuzchen durch die Gitter, um das außerhalb wachsende Grün – exakt das gleiche wie innerhalb – zu pflücken. Das verstehe einer …

Wobei: Im Schwedischen gibt es ein Sprichwort, das mir dazu einfällt:

»Nachbars Rasen ist immer grüner.«

Will heißen: Wir sind nie zufrieden mit dem, was wir haben, sondern denken fortwährend, dass es überall besser wäre als bei uns. Dies scheint mir ein Signum des modernen Menschen zu sein – wir können nicht mehr den Augenblick genießen. Sind wir im Urlaub, erfreuen wir uns nicht am Moment, sondern planen schon wieder, wo es das nächste Mal hingehen soll.

Das gilt erst recht im (beruflichen) Alltag: Kaum steht

ein Projekt vor dem erfolgreichen Abschluss, sind wir in Gedanken schon bei der nächsten Herausforderung. Hinzu kommt, dass unsere Maßstäbe beziehungsweise Anforderungen stetig steigen. Waren wir gestern noch mit einer guten Leistung zufrieden, muss es heute eine sehr gute und morgen eine außergewöhnliche sein. All das führt zu einer unheilbringenden Beschleunigung beziehungsweise Steigerung unserer Ansprüche und einer zunehmenden Flüchtigkeit. Dem Jetzt schenken wir immer weniger Konzentration. Höher, weiter, schneller heißen die fehlleitenden Imperative des 21. Jahrhunderts.

Wenn wir auf individueller Ebene schon so vermessen, ungeduldig und über die Maßen fordernd sind, dann überrascht es nicht, wenn es sich auf Unternehmensebene genauso verhält. Braucht eine Bank wirklich eine Eigenkapitalrendite von 20 Prozent? Sind Firmen nur dann erfolgreich, wenn der Marktanteil innerhalb von fünf Jahren verdreifacht wird? Muss der Chip tatsächlich alle 18 Monate seine Leistung verdoppeln? Ich wage das zu bezweifeln. Von solchen Forderungen gehen gefährliche Signale aus. Wer die (betriebswirtschaftliche) Messlatte immer höher legt, braucht sich nicht zu wundern, dass die Mitarbeiter immer unkonzentrierter werden, dass es zu mehr Fehlern und dadurch zu noch mehr Hektik kommt. Ein Teufelskreis ist in Gang gesetzt, wobei an dieser Stelle offen bleiben soll, wer ihn begründet hat: der Mensch mit seinen zunehmenden Anforderungen und seinem fehlenden Vermögen, mit dem Erreichten zufrieden zu sein? Oder das System Kapitalismus beziehungsweise die Wirtschaft insgesamt mit ihren permanent steigenden Ansprüchen? Fest steht jedenfalls: Lange kann das so nicht mehr gut gehen.

Dabei ist ein Teil der Lösung bereits seit dem 13. Jahrhundert bekannt. Meister Eckhart hat damals so schlicht wie deutlich formuliert:

»Die wichtigste Stunde ist immer die Gegenwart,
der bedeutendste Mensch immer der,
der dir gerade gegenübersteht.«

Im Kontext der heutigen Zeit heißt das: Wir sollten das, was wir tun, mit höchster Konzentration ausüben. Der Buddhismus verwendet dafür den Begriff der »Achtsamkeit« und meint damit – vereinfacht ausgedrückt – die Fähigkeit, glücklich im Hier und Heute zu leben.

Was das Problem des pathologischen Anspruchsdenkens betrifft, so hilft ebenfalls eine alte Erkenntnis weiter: Was zu schnell wächst, ist in aller Regel nicht gesund und führt früher oder später zu einer Katastrophe. Egal, ob in der Medizin, in der Natur oder in anderen Bereichen: Nur, was Zeit hat, sich zu entwickeln, kann später gedeihen. Eine Schwangerschaft dauert neun Monate – und ebenso lange, sagen Gynäkologen, dauert es, bis sich der Bauch wieder zurückgebildet hat. Mütter, die versuchen, diesen Prozess zu beschleunigen, haben damit meistens nur kurzfristig Erfolg. Alles braucht eben seine Zeit.

Ich will nun keineswegs einer fatalistischen Grundeinstellung das Wort reden oder mit buddhistischen Heilslehren missionieren gehen, will auch nicht ein Zurück zur agrarischen Gesellschaft propagieren oder gar unser Wirtschaftssystem in Zweifel ziehen. Ich möchte lediglich dazu anregen, dass wir uns mit dem Thema »Zufriedenheit« beziehungsweise mit der Frage des rechten Maßes beschäftigen, und zwar in persönlicher wie unternehmerischer Hinsicht.

Klar, es stimmt: Wer seine Ziele nicht am Himmel festmacht, kommt nicht einmal bis zur Kirchturmspitze. Aber muss es denn der Himmel sein? Genügt manchmal nicht auch »nur« die Zugspitze als Orientierungspunkt? Man sollte auch zufrieden sein können.

Naschsachenversteck-Funktion: Machen Sie sich mit den Möglichkeiten Ihrer Werkzeuge vertraut

Von Klara bekam ich zu Weihnachten eine nette kleine Tonfigur geschenkt. Ich bewunderte den braunen Klumpen mit anerkennenden Worten, lobte das gestalterische sowie handwerkliche Talent und stellte die Figur ins Bücherregal. Einige Monate später stand Klara vor der Bücherwand, weil sie für ein Referat in Geschichte Literatur zum Thema »Pharaonenzeit« suchte. Dabei fiel ihr das tönerne Kunstwerk auf.

»Papa, weißt du eigentlich, was ich dir da geschenkt habe?«

»Ja, klar, mein Schatz – eine Tonfigur.«

»Schon, aber das ist eine spezielle Figur, die ist innen hohl. Das ist ein ›Naschsachenverstecker‹ – darin kannst du Gummibärchen oder Bonbons verbergen.«

Aha! Das war mir entgangen. Das ist also nicht nur ein simpler Dekorationsgegenstand, sondern er verfügt über eine mir bislang verborgene Fähigkeit. Genauso wie ich nicht um die Naschsachenversteckfunktion wusste, ge-

nauso war mir bis vor Kurzem nicht bekannt, dass man in Outlook E-Mails in den Aufgabenordner verschieben kann – ein jetzt oft von mir genutztes Feature. Und meine Frau zeigte mir neulich, wie ich in Word automatisch Vorlagen ändern kann, was mir seitdem viel Zeit spart.

Was ich sagen möchte: Oftmals kennen wir gar nicht den vollen Funktionsumfang der Arbeitsmittel, die wir nutzen. Klar, nicht alle Funktionen sind für uns sinnvoll, manche jedoch können das Arbeiten enorm erleichtern. **Wir sollten uns also gelegentlich Zeit nehmen und die**

Naschsachenversteck-Funktion unserer Werkzeuge ergründen. Ein Blick in Gebrauchs-/Bedienungsanleitungen und Handbücher kann zu deutlichen Zeitgewinnen führen. Vielleicht gibt es auch einen erfahrenen Kollegen, der Ihnen »Nachhilfeunterricht« geben kann? Und im Internet – etwa auf Youtube – können Sie zahlreiche Tutorials und Anleitungen zu (Büro-)Softwareprogrammen finden, die Ihnen künftig das Arbeiten erleichtern werden.

Neuer-Lehrer-Effekt: Hinterlassen Sie einen positiven ersten Eindruck

Erinnern Sie sich noch an Ihre Schulzeit? Die Sommerferien sind vorbei, man trifft die Kumpels wieder und ist eigentlich doch nicht ganz so traurig, dass der Schulalltag wieder beginnt. Noch fünf Minuten, und die erste Unterrichtsstunde fängt an. Die Spannung steigt: Wer wird wohl der Klassenlehrer sein? Die Tür öffnet sich, und wir sehen zum ersten Mal den Neuen: Dr. Wegmann. Der schaut aber grimmig – ist bestimmt ein ganz Strenger. Da hat Dr. Wegmann noch nicht einmal seinen Mund aufgemacht, und wir haben uns schon eine Meinung über ihn gebildet. Nicht nur bei neuen Lehrern, sondern ganz generell bei Menschen, die wir zum ersten Mal sehen, bilden wir uns innerhalb weniger Sekunden ein Urteil. Fällt dieses positiv aus, sind wir dem/der Neuen gegenüber gleich viel aufgeschlossener und beurteilen sein Verhalten und seine Aussagen wohlwollend. Das nennt man den Halo-Effekt, zu Deutsch: Heiligenschein-Effekt. Das gegenteilige Phänomen – wenn man einen negativen ersten

Eindruck hat – trägt den Namen »Horns-Effekt« (»Teufelshörner-Effekt«).

Halo- und Horns-Effekt sind tief in uns verwurzelt – die holzschnittartige Einteilung in »Freund« oder »Feind« (also sympathisch oder unsympathisch) verdanken wir der Evolution. Früher mussten wir eben schnell entscheiden, ob wir fliehen sollten oder nicht; Nachdenken wäre da nur hinderlich gewesen. Diesen Mechanismus haben wir auch im 21. Jahrhundert noch nicht abgelegt.

Problematisch dabei ist, dass es verdammt schwierig ist, einen ersten Eindruck zu korrigieren. Aus diesem Grund sollte man viel Wert auf das erste Zusammentreffen mit neuen Kollegen, Vorgesetzten, Mitarbeitern, Kunden oder Geschäftspartnern legen. Wer es schafft – ohne sich zu verbiegen –, bei der ersten Begegnung beim Gegenüber Pluspunkte zu sammeln, wird sich in der Folge viel leichter tun, seine Ziele zu verwirklichen. Auf den Punkt gebracht: **Ein positiver erster Eindruck ist das beste Fundament für eine erfolgreiche Beziehung und für persönlichen Erfolg.** Es gibt eben keine zweite Chance für den ersten Eindruck!

Nimm-2-Regel: Kombinieren Sie zwei Aufgaben miteinander

Manche Dinge im Leben scheinen sich nicht zu ändern – sie liefern uns in unserer schnelllebigen Zeit die Gewissheit, dass vieles auch Konstanz hat. Genug geschwurbelt: Die »Nimm-2-Bonbons« gibt es nun schon seit über 50 Jahren. Als Kind habe ich diese süßen Drops mit der angeblich so gesunden Vitaminbeigabe geliebt. Heute freue ich mich immer, wenn Niklas oder Klara von der Oma einen Beutel geschenkt bekommen. In unbeobachteten Momenten klaue ich mir dann das ein oder andere Bonbon und erinnere mich an Kindheitstage. Aber darum soll's uns gar nicht gehen, sondern um den Namen des Zuckerls: Nimm 2! Ich finde, dieser Imperativ sollte nicht nur beim Zugriff auf die Bonbontüte gelten – auch im beruflichen Alltag ist dies eine oftmals sinnvolle Empfehlung.

Fassen wir die Aufforderung, zwei zu nehmen, etwas weiter, und zwar im Sinne von: **Versuchen Sie stets, zwei (oder mehr) Aufgaben geschickt miteinander zu verknüpfen.** Ein paar Beispiele: Wenn Sie aus dem Drucker auf dem Flur Ihr Dokument entnehmen wollen, dann bringen Sie doch auf dem Weg dorthin gleich dem Kollegen Hein die Fachzeitschrift mit, die Sie gelesen haben. Wenn Sie den Kunden Obermayer in Augsburg besuchen, dann schauen Sie doch auch noch bei Ihrer Niederlassung in München vorbei. Wenn Sie eine IHK-Weiterbildung besuchen, nutzen Sie die Chance, in der Pause neue Kontakte zu knüpfen. Wenn Sie ein Schriftstück in den Ordner einsortieren, entnehmen Sie ein altes, das Sie nicht mehr benötigen.

Nutella-Brot-Rezept: Bedanken Sie sich öfter

Dass meine Erziehungsmethoden nur eingeschränkt funktionieren und dass das, was ich predige, nur bedingt von meinen Kindern umgesetzt wird, habe ich mir mittlerweile eingestanden. Umso mehr hat es mich gefreut, als

Niklas vor einiger Zeit zu mir sagte: »Danke, Papa, dass du mir heute Nutella aufs Pausenbrot gemacht hast.« Niklas hatte einen meiner wichtigsten Glaubenssätze angewendet, nämlich, dass wir im Leben leichter vorankommen, wenn wir freundlich sind, was sich unter anderem darin äußern sollte, seinen Mitmenschen öfter ernst gemeinte Anerkennung und Dank auszusprechen. Damit meine ich weder eine maskenhafte Freundlichkeit noch schmeichlerisches Lob oder ein gönnerhaftes »Gut gemacht!«, sondern ein aufmerksam-höfliches Verhalten und sachlich-schlichte Feststellungen.

Der einfachste Tipp dazu hat nur drei Wörter, die alle mit dem Buchstaben »D« anfangen: **Sagen Sie »Danke, dass du ...«** Bedanken Sie sich für eine konkrete Tat oder ein bestimmtes Verhalten, ohne dafür eine blumenreiche Sprache zu verwenden:

- Der Chef zur Assistentin: »Danke, dass Sie den Brief noch rechtzeitig fertig geschrieben haben.«
- Der Mitarbeiter zum Kollegen: »Danke, dass du in der Besprechung meinen Standpunkt mit vertreten hast.«
- Der Einkäufer zum Lieferanten: »Danke, dass Sie mich kompetent beraten haben.«

Danke zu sagen fällt nicht schwer, kostet kaum Zeit und kann doch so viel bewirken, denn der Bedankte merkt, dass seine Leistung wahrgenommen wurde. Das ist eine tolle Motivation. Allerdings setzt die Danke-Technik eine Gabe voraus, die leider viele Menschen nur unzureichend entwickelt haben, nämlich genau zu beobachten und sich auf das Positive zu konzentrieren.

Hand aufs Herz: Wie oft sagen Sie Ihren Kollegen, Mitarbeitern oder auch Ihrem Vorgesetzten, wie gut es ist, dass sie/er sich um bestimmte Dinge kümmert oder eine bestimmte Sache zuverlässig erledigt hat? Wie oft bemerken wir überhaupt, dass ein anderer etwas getan hat, was uns nützt? Vieles nehmen wir als selbstverständlich hin und werden nur dann aufmerksam, wenn etwas schiefläuft. Fatalerweise scheint das dann unser negatives Bild des anderen zu bestätigen und verstärkt den Teufelskreis aus Kritik, Konflikt und Ablehnung – die Anspannung steigt und steigt.

Einen Schritt weiter als »Danke, dass du ...« geht die Formulierung: »Ich finde toll, wie du ...«. Das Prinzip ist identisch. Halten Sie Ausschau nach anerkennenswerten Taten. Das muss nicht der Gewinn eines großen Kundenauftrags sein. Im Gegenteil – es sind sogar eher die kleinen, unscheinbaren Dinge, die ein anderer tut. Gerade wenn Sie so etwas ansprechen, wird sich der Betroffene freuen, denn es ist ja nicht selbstverständlich, dass man darauf aufmerksam wird. Statt »toll« kann man natürlich noch andere Formulierungen verwenden, wie sie in folgendem Kasten dargestellt sind.

Formulierungen, um Anerkennung zu zeigen

- Ich finde gut, wie ...
- Ich finde schön, wie ...
- Ich bin beeindruckt, wie ...
- Mir ist aufgefallen, wie ...
- Mir gefällt, wie ...
- Mir imponiert, wie ...

Dazu ein paar Beispiele: Der Chef zur Assistentin: »Ich bin beeindruckt, wie schnell Sie meine Asienreise organisiert haben.« Der Mitarbeiter zum Kollegen: »Mir ist aufgefallen, wie ordentlich deine Schreibtischschublade ist.« Der Einkäufer zum Lieferanten: »Ich finde gut, dass Sie mir nichts aufschwätzen wollen.«

Passen Sie jedoch auf! **Setzen Sie diese Technik nie mit einem Hintergedanken ein** – oder wenn Sie es nicht ernst meinen. Zudem entlarvt das Gegenüber meist recht schnell, wenn Sie nicht aufrichtig sind. Auch darf Ihr »Toll, wie du ...« nie arrogant oder überheblich klingen. In Ihrer Äußerung muss deutlich werden, dass Sie das Verhalten wirklich als toll empfinden. Ihr Gefühl muss im Vordergrund stehen. Sie treffen kein Werturteil, sondern geben lediglich kund, wie ein bestimmtes Verhalten auf Sie wirkt, beziehungsweise, wie Sie das empfinden.

O/P

Obstbaum-Prinzip: Durchforsten Sie regelmäßig Ihre Aufgaben

Wie Sie wahrscheinlich schon bemerkt haben, liebe ich es, im Garten zu arbeiten. Kaum etwas bereitet mir mehr Freude, als Rasen zu mähen, Unkraut zu zupfen, zu vertikutieren, düngen, Sträucher zu pflanzen, Laub zu rechen ... Im Laufe der Jahre habe ich mir die grundlegenden Kenntnisse angeeignet, die man braucht, um einen Garten in Schuss zu halten. Nur an eines habe ich mich bislang noch nicht rangetraut: an das Ausschneiden unserer Apfel- und Kirschbäume. Dazu bestellte ich neulich einen Gärtner. Während er mit gekonnten Handgriffen die Bäume stutzt, erklärt er mir, dass es außerordentlich wichtig sei, Obstbäume regelmäßig zu beschneiden und auszulichten: Nur dann würden sie Früchte in guter Qualität bekommen.

Mir gefällt dieser Gedanke. Ähnlich sollten wir im Berufs- und Privatleben handeln, also regelmäßig unsere Äste (das sind unsere Verpflichtungen) zurückschneiden. Sie sind in Ihrem Unternehmen in vier Projekten engagiert, Sie sind stellvertretender Vorsitzender des Elternbeirats und Kassenwart des Sportvereins? Das sind zu viele

Verpflichtungen – überlegen Sie, von welchen Sie sich trennen können! Nehmen Sie die Astschere zur Hand und trennen die Aufgaben und Verantwortlichkeiten ab, die Sie zu sehr in Anspruch nehmen, damit Sie auch langfristig Früchte der Güteklasse A hervorbringen können!

Obststand-Struktur: Halten Sie Ordnung in Ihren Schubladen

Wenn ich auf Reisen bin, besuche ich leidenschaftlich gern die lokalen Märkte. Besonders beeindrucken mich die Obststände. Egal, ob in Shanghai, Palermo oder Marrakesch – es ist überall dasselbe Bild: Die Obstauslagen sind stets nach einem ganz ähnlichen Schema aufgebaut. Gleiches liegt bei Gleichem. Die Orangen sind zu Pyramiden aufgetürmt, die Bananen fein drapiert und die Trauben säuberlich in Reihen ausgelegt. So bietet sich ein wunderbares Fotomotiv, orange, gelb und grün. Es ist einfach eine Freude, diese liebevoll arrangierten Auslagen zu betrachten. Ähnlich sollte es sich mit Ihrer Schreibtischschublade verhalten. Ich will jetzt nicht über die Ästhetik von Kugelschreibern und Textmarkern philosophieren, sondern auf einen ganz pragmatischen Aspekt hinweisen: **Wer ein klares Ordnungssystem in seinen Schubladen hat, tut sich nicht nur beim Auffinden des gesuchten Utensils leichter, sondern auch beim Verstauen.**

Wenn ich meine Schreibtischschublade aufziehe (siehe rechte Seite), dann finde ich mich nahezu blind darin zurecht. Ich weiß instinktiv, wo ich Schere und Brieföffner finde, und muss nicht lange kramen. Es ist gar nicht aufwändig, ein solches System zu etablieren.

Fünf Schritte zur aufgeräumten Schreibtischschublade

1. Kaufen Sie sich im Baumarkt für ein paar Euro Kunststoffboxen unterschiedlicher Größe.
2. Leeren Sie Ihre Schublade aus und säubern Sie diese.
3. Bilden Sie Häufchen mit zusammengehörigen Gegenständen.
4. Sortieren Sie die Gegenstände in Boxen passender Größe.
5. Stellen Sie die Boxen in die Schublade.

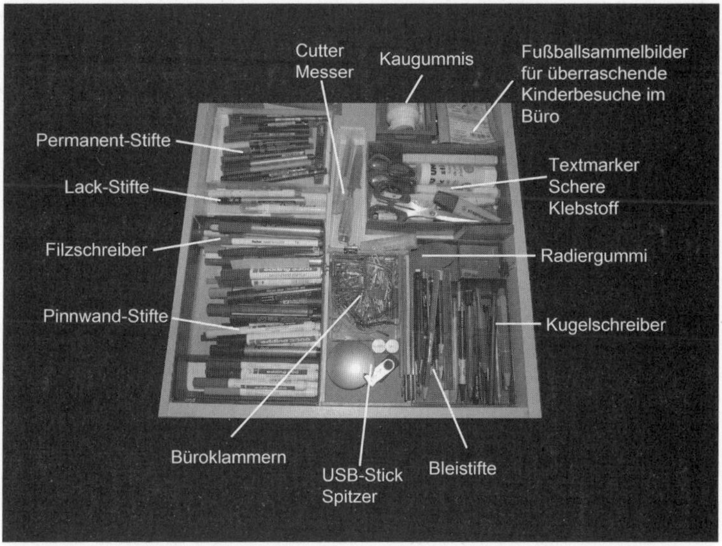

Petunien-Erkenntnis: Konzentrieren Sie sich auf die Stärken

Von meiner Mutter bekam ich einmal zum Geburtstag eine Blumenampel geschenkt – wir hängten sie an einen schönen, sonnigen Platz auf unserem Balkon. Eingeschärft hatte mir meine Mutter: zweimal täglich gießen, einmal wöchentlich düngen und immer die verwelkten Blüten zupfen. Normalerweise gießen wir unsere Pflanzen (Seramis sei Dank) ein Mal pro Woche – und das war's. So viel Fürsorge und Aufmerksamkeit hatte mir noch kein Grüngewächs abverlangt. Aber ich hielt mich sehr diszipliniert an den Pflegeplan, und die Petunie gedieh.

Täglich war ich mit der Ampel beschäftigt, zupfte, goss

(an heißen Junitagen sogar dreimal am Tag) und düngte (immer freitags). Eines Abends kümmerte ich mal mich wieder um Aunt Petunia – wie ich sie zwischenzeitlich liebevoll nannte (Harry Potter-Leser kennen sie) – und zupfte. Zupfte, wie ich es jeden Abend und jeden Morgen und jeden Mittag tat. Zupfte also und dachte: Du erfreust dich gar nicht richtig an der Blumenpracht, bist immer nur dabei, das Negative (verwelkte Blüten) zu sehen und zu beseitigen. Wo bleibt die Freude, der Genuss?

Stimmt, so ist es doch auch oft in unseren Unternehmen – man konzentriert sich auf das Negative, vergisst das Gute, Funktionierende, Positive zu sehen und sich auch mal darüber zu freuen. Natürlich, ein Großauftrag – das wird gefeiert. Ebenso strahlend wird der Gewinn einer Auszeichnung registriert. Aber die vielen – oft kleinen – Dinge, die im Alltag rund laufen, die man geschafft hat, die werden kaum wahrgenommen. Das wäre doch mal ein probates Mittel gegen Stress, Ermüdung und Unzufriedenheit – einfach ein Blatt Papier nehmen und aufschreiben, was man selbst – oder die Abteilung, oder das ganze Unternehmen – in den vergangenen Monaten erreicht hat.

Das hat nichts mit Selbstbeweihräucherung oder kollegialem Schulterklopfen zu tun. Nein, eine solche Positivliste verleiht neue Energie, gibt Mut, die bislang ungelösten Probleme in Angriff zu nehmen, und macht vielleicht auch ein bisschen stolz.

Noch etwas versinnbildlicht das Petunienzupfen: Vielfach konzentrieren wir uns darauf, unsere verwelkten Blüten zu entdecken und zu beseitigen. Etwas weniger blumig: Oft genug beachten wir lediglich unsere Schwächen und versuchen, diese durch Coachings oder Trainings zu beseitigen. Wäre es nicht mindestens so wichtig, sich um den Ausbau der Stärken zu kümmern? Ich vermute, dass dies sehr oft eine Erfolg versprechende Strategie wäre.

Pizza-Backanleitungs-Prinzip: Dokumentieren Sie schwierige Aufgaben

Im Grundstudium an der Universität Würzburg hatten wir einen Professor, der es verstand, ohne jedweden Medieneinsatz – keine Folien, kein Tafelbild, keine Demonstrationsobjekte – die eineinhalbstündige Vorlesung zu bestreiten. Nicht einmal ein Skript benötigte er. Er kam in den Hörsaal, stellte sich ans Rednerpult und begann zu erzählen. Erst 90 Minuten später hörte er damit auf. Nun könnte man meinen, dass wir Studenten spätestens nach ein paar Minuten weggedöst wären oder unter der Bank den *Kicker* gelesen hätten. Dem war keineswegs so, denn Professor K. konnte mit seinem lebendigen Vortragsstil auch den Uninteressiertesten faszinieren. Gebannt hingen wir an seinen Lippen und lauschten seinen anschaulichen Ausführungen. So sind mir noch heute – nach über zwanzig Jahren – zahlreiche Inhalte dieser Vorlesung in Erinnerung.

Eines der vielen BWL-Gesetze, die uns Professor K. vermittelte, war das »Substitutionsgesetz der Organisation nach Erich Gutenberg«. Die zentrale Aussage lautet: Je gleichartiger, regelmäßiger und wiederholbarer betriebliche Vorgänge sind, desto eher sollten sie durch allgemeingültige Vorschriften geregelt werden. Auf gut Deutsch:

zubereiten – eine Anweisung von Papa

1. Backofen vorheizen:

Backblech rausnehmen
Auf den linken Knopf drücken, sodass er rausspringt und einmal nach links drehen
Auf den rechten Knopf drücken, sodass er rausspringt und auf 220 ° drehen

2. Piccolini aus Gefriertruhe holen und auf Backblech legen. Wenn der Ofen die Temperatur erreicht hat (piept), das Backblech einschieben und den Wecker auf 10 Minuten stellen.

3. Wenn Wecker piept, den linken Knopf auf „0“ stellen und das Backblech mit beiden (!) Ofenhandschuhen rausholen, auf die Herdplatte stellen, die Ofentüre gleich wieder schließen.

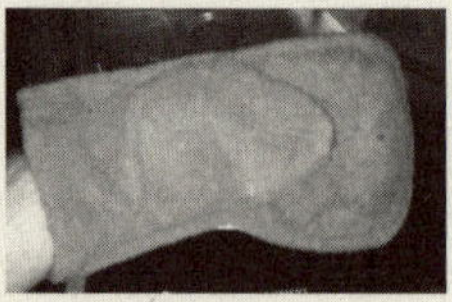

Achtung! Das Backblech ist sehr heiß!!! Piccolini vorsichtig mit Heber auf Teller setzen.

4. Piccolini essen. Bitte nicht rülpsen!

Je öfter ein bestimmtes Problem auftritt oder eine spezielle Aufgabe zu lösen ist, desto sinnvoller ist es, dafür Abläufe und Verantwortlichkeiten festzulegen. Nochmals anders ausgedrückt: Es lohnt sich *nicht*, für Probleme/Vorgänge, die nur selten vorkommen, umfangreiche Verfahrensanweisungen, Prozessbeschreibungen oder Ähnliches zu entwickeln.

Was bedeutet das nun für Sie persönlich? Das eigentlich nur für Unternehmen gültige Substitutionsgesetz lässt sich ebenso im Selbstmanagement anwenden. **Dokumentieren Sie die Vorgehensweise für jene Aufgaben, die Sie immer wieder zu erledigen haben und die Sie (noch) nicht auswendig beherrschen.**

So habe ich mir beispielsweise notiert, wie ich vorzugehen habe, wenn ich eine Outlook-Datei komprimieren will, oder was ich tun muss, wenn unser W-LAN mal wieder zusammengebrochen ist. Auch im Haushalt vertraue ich auf das Substitutionsgesetz – so habe ich für Niklas und Klara eine »Pizza-Backanleitung« geschrieben, damit die beiden (ohne sich die Pfoten zu verbrennen) eine Pizza zubereiten können, wenn meine Frau und ich nicht zu Hause sind.

Putzwochen-Verfahren: Legen Sie klare Verantwortlichkeiten fest

Mein Bruder lebt seit vielen Jahren in Stuttgart. Als ich ihn das erste Mal in seiner neuen Wohnung in einem Mehrfamilienhaus besuchte, stieß mir sofort im Hauseingang ein Schwarzes Brett auf, das die Hausverwaltung dort angebracht hatte. Fein säuberlich war auf einem DIN-A4-Blatt die Putzordnung geregelt. Da wurde streng nach

»kleiner« und »großer Putzwoche« differenziert und genau festgelegt, welche Mietpartei in welcher Kalenderwoche welche Aufgaben zu erledigen hat. Das Treppenhaus soll strahlen!

Man mag über solch typisch schwäbisches (deutsches) Spießertum lächeln, eines jedoch – so finde ich – können wir vom Putzplan lernen, nämlich, dass es für manche, gemeinschaftlich zu erledigende Aufgaben durchaus sinnvoll ist, klare Regelungen einzuführen, die für jeden verbindlich gelten. Auf diese Weise lassen sich etliche Diskussionen und Streitgespräche vermeiden.

Egal, ob es um das Aufräumen in der Teeküche, das Nachfüllen des Kopierpapiervorrates oder die Pflege der Grünpflanzen im Großraumbüro geht – wer sich einmal die Mühe macht, ein faires System aufzustellen, vermeidet permanente Debatten sowie potenzielle Konfliktquellen und trägt zu einem angenehmen Arbeitsklima bei.

Allerdings setzt jedweder Aufgaben(ver)teilungsplan voraus, dass sich alle Betroffenen diszipliniert daran halten. Sobald nur ein Kollege seine Pflichten (bewusst) ignoriert, dauert es nicht lange, bis sich keiner mehr daran hält. Recht einfach lässt sich dieses Problem meist dadurch lösen, dass man – an einer gut sichtbaren Stelle – eine Checkliste anbringt, in der jeder durch seine Unterschrift quittiert, dass er seine Aufgabe erledigt hat.

Q/R

Quengel-Technik: Dringen Sie zu den wahren Problemursachen vor

Als Elternteil muss man schon viel Geduld aufbringen, wenn die Kinder in das Alter kommen, in dem sie alles von einem wissen wollen. Es reicht ja nicht, dass man sich auf die Frage, warum der Himmel nicht über uns zusammenbricht (ja, warum eigentlich?) eine halbwegs plausible Antwort einfallen lassen muss. Es folgt ja sogleich eine Anschlussfrage und darauf noch eine, bis man einfach nicht mehr weiterweiß und dem Kind empfiehlt, es solle doch ein wenig RTL II schauen, damit man endlich seine Ruhe hat.

Eine der besten mir bekannten Problemlösungstechniken erinnert mich stark an diese Quengel-Lebensphase. Die Rede ist von der Fünf-Mal-Warum-Technik, die besagt, dass man sich – wie ein kleines Kind – ungefähr fünf Mal nach dem Grund erkundigen muss, bis man die wahre Ursache eines Problems kennt.

Die »Fünf-Mal-Warum-Methode« entstammt der japanischen Kaizen-Philosophie und geht davon aus, dass sich die Quelle eines Problems nie durch einmaliges Fragen herausfinden lässt. Oft sind es nämlich ganz andere

Gründe, die zu Problemen führen, als man zunächst vermuten würde. Daher sollte man mehrfach nach dem Warum fragen, bis man zur eigentlichen Problemursache vorgedrungen ist. Nur dann kann man dauerhafte Lösungen finden. Fragen Sie also wie ein Kleinkind mehrfach »Warum?« – manchmal genügt es, nur drei Mal nachzufassen, manchmal wird man sechs Mal oder öfter fragen müssen. Dazu ein Beispiel:

Warum-Fragen	**Antwort**
1. »Warum werden die Liefertermine nicht eingehalten?«	»Weil die Verkäufer nicht einhaltbare Zusagen machen und sich nicht mit der Produktion abstimmen.«
2. »Warum stimmen sich die Verkäufer nicht mit der Produktion ab?«	»Weil sie sich darauf verlassen, dass die Produktion die termingerechte Lieferung schon irgendwie hinbekommt.«
3. »Warum denken die Verkäufer so?«	»Weil die Verkäufer nicht auf die Terminplanung der Produktion zugreifen und die Produktionszeit nur ungefähr abschätzen können.«
4. »Warum haben die Verkäufer keinen Zugriff auf die Terminplanung?«	»Weil die Anbindung der Verkäufer an das Intranet noch nicht funktioniert.«
5. »Warum funktioniert die Anbindung nicht?«	»Weil die Verkäufer noch nicht in diesem Programm geschult sind.«

Im Beispiel würde der Lösungsvorschlag, dass sich die Verkäufer besser mit der Produktion abstimmen, keinen oder nur einen kurzfristigen Erfolg zeigen. Dauerhaft ließe sich das Problem nur beseitigen, wenn die Verkäufer in der Anwendung des Programms geschult würden.

Raumschiff-Enterprise-Regel: Führen Sie ein Logbuch

Es ist eine der Lieblings-DVDs in unserer Familie: »(T)Raumschiff Surprise« – eine der erfolgreichsten deutschen Kinokomödien überhaupt. Bestimmt haben wir den Film von und mit Michael »Bully« Herbig schon ein Dutzend Mal gesehen. Mich erinnert der Film stets an eine Szene aus der TV-Serie »Raumschiff Enterprise«, die während meiner Kindheit lief: Nach dem Vorspann mit den Worten »Der Weltraum – unendliche Weiten ...« begann jede Folge mit einem Logbucheintrag von Captain Kirk, der darin unter anderem die Sternzeit vermerkte und aus dem Off in die Handlung einführte.

Ähnlich wie Kirk sollten auch wir ein Logbuch führen – ein Notizbuch oder eine Kladde im Format DIN A4 mit einem festen Einband, in dem wir alle – wirklich alle – To-dos, Ideen, Mitschriften und so weiter festhalten. Post-its oder Schmierzettel sind meiner Erfahrung nach wenig empfehlenswert für Notizen, denn sie sind meistens gerade dann unauffindbar, wenn man sie benötigt. Lediglich als Erinnerungszettel (siehe »Julia-Trick«) sind sie nützlich.

Das Logbuch sollte Ihr steter Weggefährte sein und

einen festen Platz auf Ihrem Schreibtisch haben. Wenn Sie unterwegs sind – und sei es nur zu einer firmeninternen Besprechung –, dann sollte Sie Ihr Buch begleiten.

Tipps zum Führen eines »Logbuchs«

- Notieren Sie jeden Tag zunächst das aktuelle Datum.
- Markieren Sie am linken Rand, um welche Art von Eintrag es sich handelt (beispielsweise ein »A« für Aufgabe, ein »T« für Telefonat, ein »I« für Idee).
- Ziehen Sie am Ende eines Arbeitstages einen Querstrich unter Ihre Einträge.
- Betreiben Sie täglich »Buchpflege«: Übertragen Sie Ihre handschriftlichen Notizen in Ihre Aufgabenliste, Ihren Kalender, Ihre Adressliste oder Ihre Kundendatenbank. Streichen Sie Erledigtes oder Vermerke, die Sie übertragen haben, mit Bleistift durch. So können Sie auch später noch Ihre Aufzeichnungen lesen, erkennen aber, dass Sie sie bearbeitet haben.
- Wenn Sie einzelne Aufgaben oder Punkte nicht erledigen konnten, so übertragen Sie diese auf den nächsten Tag. Dadurch verhindern Sie, dass sich auf alten Seiten »Leichen« ansammeln.
- Verwenden Sie Farben, um bestimmte Einträge zu kennzeichnen, unterstreichen Sie zum Beispiel besonders dringliche oder wichtige Aufgaben mit rot oder rahmen Sie Telefonnotizen gelb ein; wichtig dabei ist, dass Sie Ihr Farbsystem konsequent anwenden.

Rotweinglas-Regel: Verplanen Sie nur die Hälfte Ihres Tages

Während meines – schon sehr lange zurückliegenden, einjährigen Aufenthaltes in Adelaide (Australien) studierte ich internationale Betriebswirtschaftslehre mit dem Schwerpunkt Touristik. Es handelte sich um ein sehr praxisorientiertes Studium, das mehrere Praktika vorsah. So habe ich unter anderem in einem Reisebüro gearbeitet, war als Reiseleiter tätig und musste einen Grundkurs in Gastronomie absolvieren. Ein älterer Herr aus Portugal, vormals Chefkellner in verschiedenen Luxushotels, unterwies uns in der Kunst des stilvollen Bedienens. Wir lernten, Tischdecken formvollendet zu wechseln, Seezunge zu filetieren und natürlich Wein zu servieren. Ich kann mich noch bestens erinnern, wie mich Herr Soares zurechtwies, weil ich ein Weinglas randvoll mit Burgunder gefüllt hatte. Eine Grundregel lautet nämlich, dass Weingläser maximal bis zur Hälfte gefüllt werden dürfen, damit dem Rebensaft ausreichend Platz zur Verfügung steht, um sein Bukett zu entfalten.

Betrachten Sie die Ihnen täglich zur Verfügung stehende Zeit wie ein Weinglas: Machen Sie es höchstens bis zur Mitte voll. Anders ausgedrückt: **Verplanen Sie nur die Hälfte Ihrer Zeit!**

Warum? Weil die Arbeitszeit erfahrungsgemäß nie für all das ausreicht, was erledigt werden soll oder muss. Und wie sieht die Realität aus? Wir stopfen unsere Terminkalender voll. Jede Minute wird verplant. Ein Termin jagt den nächsten. Ein Kardinalfehler! Im Laufe eines jeden Tages passieren nämlich unvorhergesehene Dinge, die Sie dazu zwingen, geplante Vorhaben zu verschieben. Sie kennen das bestimmt. Entweder steht der Kollege mit einem dringenden Anliegen in der Tür, oder der Chef bittet Sie, mal »schnell einen Statusreport zum Projekt XY« zu verfassen. Oder die Abteilungsbesprechung dauert statt einer mehr als zwei Stunden.

Durch solche »Überfälle« und Verzögerungen erwächst Stress. Sie bleiben hingegen flexibel, wenn Sie sich angewöhnen, im Regelfall nur die Hälfte Ihres Arbeitstages zu verplanen – die andere Hälfte bleibt frei für spontane Aufgaben und Termine, vor allem jedoch für die Dinge, die Sie sich selbst vorgenommen haben beziehungsweise erledigen müssen.

Rouladen-Regel: Beginnen Sie mit dem Prozess, der am längsten dauert

Sonntags nehme ich mir – wann immer mir das möglich ist – die Zeit, um ein leckeres Essen für meine Familie zu kochen, wie etwa Dorade, Rinderbraten oder Rouladen.

Im Laufe der Jahre sammelt man als Hobbykoch so seine Erfahrungen. Mittlerweile weiß ich, dass ich immer mit dem Gericht anfange, das am meisten Zeit benötigt. Wenn es also beispielsweise Kartoffelsuppe, Rouladen mit Rotkraut und danach Schokopudding gibt, dann beginne ich nicht mit der Kartoffelsuppe, sondern mit den Rouladen, weil die ungefähr eineinhalb Stunden im Ofen brauchen. Währenddessen ist die Suppe drei Mal gekocht und der Pudding angerührt.

Die Rouladen-Regel lautet also: **Fangen Sie mit dem**

Prozess an, der am längsten dauert! Was kann dies im beruflichen Alltag bedeuten? Wenn Sie beispielsweise in einem Maschinenbauunternehmen tätig sind und den Auftrag bekommen, in einem Monat auf der alljährlichen Vertriebskonferenz die bedeutsamsten Kundenaufträge vorzustellen, die die Firma in den letzten zwölf Monaten erhalten hat, dann sollten Sie sich gleich aus der Buchhaltung eine Übersicht aller Aufträge besorgen. Aus dieser Liste könnten Sie dann jene Kunden heraussuchen, deren Volumen einen bestimmten Betrag überschritten hat. Diese Kunden wiederum sollten Sie dann baldmöglichst anschreiben und sie darum bitten, Ihnen ein Bild der gelieferten Maschine zuzusenden, damit Sie dieses Foto in Ihre Präsentation einbauen können. Da es vermutlich einige Zeit dauert, bis Sie tatsächlich die Bilder vorliegen haben, wäre dies also der erste Schritt und nicht etwa das Erstellen einer Umsatzstatistik.

Sackhüpfen-Methode: Misten Sie regelmäßig aus

Aus dem Baumarkt hatte ich große Jutesäcke – die sonst zum Transport von Kartoffeln verwendet werden – besorgt und im Garten eine Rennstrecke mit leeren Colaflaschen markiert. Je zwei Kinder mussten gegeneinander antreten. Noch heute erzählen wir gern von Klaras siebtem Geburtstag, an dem wir mit den kleinen Gästen Sackhüpfen spielten. Daran musste ich denken, als ich nach einem passenden Begriff für die folgende Empfehlung suchte.

Was verbirgt sich hinter der Sackhüpfen-Methode? Anders als beim Kinderspiel handelt es sich nicht um einen Wettlauf, sondern eher um eine Art Such- und Aufräumspiel, das sich besonders für jene Menschen eignet, denen systematische Säuberungsaktionen nicht sonderlich liegen.

Es geht ganz einfach: Nehmen Sie einen Müllsack oder eine große Tüte und gehen damit durch Ihr Büro, Ihre Wohnung oder Garage. Suchen Sie überflüssige oder kaputte Teile wie etwa abgebrochene Lineale, leere Druckerpatronen, veraltete Kataloge, Kaffeetassen mit abgebrochenem Henkel oder verdorrte Papyrusbäumchen. Hören Sie nicht eher auf, bis Sie zehn unbrauchbare Gegenstände in Ihren Sack gelegt haben. Das ist Sackhüpfen für Erwachsene.

Noch ein Tipp bei dieser Gelegenheit: Wenn Sie mit der Sackhüpfen- oder einer anderen Methode Ablageflächen, etwa auf dem Schreibtisch oder Sideboard, von Ballast befreit haben, dann verhindern Sie, dass sich dort erneut »Müll« ansammelt, indem Sie eine Grünpflanze oder eine Skulptur auf die frei gewordene Fläche stellen.

Schuppen-Shampoo-Regel: Lassen Sie sich ehrliches Feedback geben

Vor einiger Zeit trug mir meine Frau auf, Wollwaschmittel zu besorgen. Umgehende Lieferung sei erbeten. Im Drogeriemarkt bahne ich mir meinen Weg durch die engen Gänge, reiße im Vorbeigehen zunächst eine Packung String-Tanga-Slipeinlagen aus dem Regal (wie peinlich), und wenig später bleibe ich an drei Flaschen WC-Essigreiniger hängen (weniger peinlich), die zwar aus 1,20 Meter Höhe munter zu Boden purzeln, Gott sei Dank aber keinen weiteren Schaden nehmen.

Endlich am Ziel – dem Regal mit Waschmitteln – angelangt, benötige ich nur weltrekordverdächtige sieben Minuten und achtundzwanzig Sekunden, um das gewünschte Produkt zu finden. So schnell war ich noch nie! Zu Hause werde ich diesen Triumph mit einem Gläschen Prosecco feiern. Vorher muss ich allerdings noch zahlen. Das klappt reibungslos und ohne Wartezeit. Als Zeichen ihres tief empfundenen Dankes für meinen Einkauf überreicht mir die Kassiererin eine Probepackung – ein Beutelchen mit Schuppen-Shampoo. Ja, hab ich denn Schuppen? Sehe ich so ungepflegt aus, dass ich diese spezielle Art der Haarpflege benötige? Von Selbstzweifeln zerfressen, mache ich mich auf den Nachhauseweg.

Das Gratismuster Schuppen-Shampoo bringt mir das »Johari-Fenster« – nach den amerikanischen Sozialpsychologen **Jo**seph Luft und **Har**ry **I**ngham – in Erinnerung. Was besagt dieses Modell? Selbstwahrnehmung (»Ich habe keine Schuppen«) und Fremdwahrnehmung (»Der hat Schuppen«) müssen nicht übereinstimmen. Luft und Ingham haben recht: Wir halten uns für einen genialen Projektmanager, die Teamkollegen lediglich für einen hoffnungslosen Chaoten. Viele Manager sind von sich überzeugt: Ich bin die beste Führungskraft in diesem Laden. Die Untergebenen dagegen meinen: Der hat keine Ziele, ist unsystematisch und hat nur die eigene Karriere im Blick.

Was ist so schlimm daran, wenn Selbst- und Fremdbild nicht deckungsgleich sind? So werden Missverständnissen und Konflikten Tür und Tor geöffnet. Und wir haben keine Chance zur Weiterentwicklung. **Wem daran gelegen ist, dass Fremd- und Selbstwahrnehmung übereinstimmen, der fordert öfter mal ehrliches Feedback ein.** Das ist allerdings höchst tückisch. Schon der Marquis de Sade (1740–1814) hat festgestellt:

»Die Wahrheit verletzt tiefer als jede Beleidigung.«

Dennoch sollten wir öfter mal unsere Kollegen – zumindest jene, die uns wichtig sind und denen wir vertrauen – bitten, uns den Spiegel vorzuhalten.

Freilich sollten wir Feedback nicht im Sinne von »Na, Schatz, wie war ich?« einfordern, sondern gezielt und konkret fragen. Schlecht wäre: »Findest du, dass ich teamfähig bin?«, weil man durch die pauschale, geschlossene Frageform zu einer schnellen Ja- oder Nein-Antwort verleitet wird. Besser wäre: »Wie beurteilst du meine Zusammenarbeit mit den anderen Projektmitgliedern? Beteilige ich mich ausführlich genug an den Diskussionen? Gehe ich ausreichend auf die Vorschläge der anderen ein?«

Wenn Sie – hoffentlich ehrliche – Rückmeldungen bekommen, dann sollten Sie diese natürlich auch aufrichtig überdenken. Keineswegs muss man jedes Feedback annehmen, aber es wäre die Übung nicht wert, wenn Sie sich lediglich über positive Aussagen freuen und negative als nicht zutreffend klassifizieren würden. Wer sich weiterentwickeln möchte, sollte gerade kritisches Feedback ernst nehmen.

Schweine-auf-der-Fahrbahn-Prinzip: Liefern Sie Begründungen

Mist! Auf der A3 Richtung Nürnberg geht gar nichts mehr. Ich werde zu spät zu meinem Termin kommen. Ich merke, wie Wut in mir hochsteigt. Es ist kurz vor halb, und ich schalte den Verkehrsfunk ein – ich bin gespannt, wie lange der Stau ist. »Auf der A3 Würzburg–Nürnberg vor der Anschlussstelle Wiesentheid sieben Kilometer Stau wegen eines umgestürzten Lkw. Achtung, es befinden sich Schweine auf der Fahrbahn.« Komisch, auf einmal weicht die Wut einem gewissen Verständnis. Klar, begeistert bin ich von der Situation noch immer nicht. Aber nachdem ich nun den Grund für den Stau kenne, fällt es mir leichter zu warten.

So ist es nicht nur auf der Autobahn, sondern ganz generell, wie verschiedene Studien zeigen: Wenn Menschen den Grund eines bestimmten Verhaltens oder einer Bitte kennen, haben sie viel mehr Verständnis und sind viel eher bereit, das zu tun, was man von ihnen verlangt. Ein schönes Beispiel habe ich dazu neulich auf dem Weg zum Hörsaal entdeckt. Üblicherweise ignorieren die Studierenden Fahrrad-Parkverbots-Schilder, doch vor diesem Schild habe ich noch nie ein Fahrrad stehen sehen. Jetzt wurde mir auch klar, warum – weil eben nicht nur ein Verbot ausgesprochen, sondern auch die Begründung dafür geliefert wurde.

Was heißt das nun für den beruflichen Alltag? Liefern Sie immer dort, wo es sinnvoll ist, Begründungen, wenn Sie Mitarbeiter oder Kollegen bitten, eine bestimmte Sache zu erledigen. Sagen Sie also beispielsweise nicht: »Bitte suchen Sie mir mal alle Kunden heraus, die in den letzten beiden Jahren unser Modell HWD71 gekauft haben«, sondern ergänzen Sie noch: »Ich brauche die Information, um zu sehen, in welchen Branchen wir besonders erfolgreich sind.« Mit dieser zusätzlichen Angabe weiß der Beauftragte, dass es Ihnen nicht auf die regionale Herkunft des Kunden oder dessen Unternehmensgröße ankommt, sondern eben auf die Branchenzugehörigkeit, und er/sie kann Ihnen nur die relevanten Informationen liefern.

Ein völlig anderes Beispiel: Vor einiger Zeit bat mich ein Kollege, einen Vorlesungstermin mit ihm zu tauschen. Eigentlich passte mir das gar nicht, denn so war auch ich gezwungen, eine andere Verpflichtung zu verlegen. Doch der Kollege hatte mir eine Begründung geliefert – er wolle seine Frau an diesem Datum anlässlich ihres Hochzeitstages mit einem Ausflug überraschen. Klar, dass ich zustimmte, nachdem ich den Grund kannte.

Sorgenkinder-Regel: Kümmern Sie sich zunächst um Ihre Hauptprobleme

Sicherlich haben Sie irgendwann schon einmal von der 80–20-Regel gehört. Sie stammt von dem italienischen Volkswirt Vilfredo Pareto. Im 19. Jahrhundert hatte er die Vermögensverteilung in Italien untersucht. Er fand heraus, dass ungefähr 20 Prozent der Familien etwa 80 Prozent des gesamten Vermögens besitzen. Dieses Verhältnis trifft auf erstaunlich viele Zusammenhänge zu. So sind häufig 20 Prozent der Kunden eines Unternehmens für 80 Prozent des Umsatzes verantwortlich. 20 Prozent aller Internetseiten verursachen 80 Prozent des Datenvolumens. In einer Wohnung finden sich auf 20 Prozent eines Teppichs 80 Prozent der Gesamtabnutzung.

Die konkreten Zahlen spielen nicht die entscheidende Rolle. Nicht immer beträgt das Verhältnis 80 zu 20. Manchmal kann es auch 90 zu 10 oder 85 zu 15 lauten. Entscheidend ist vielmehr die zentrale Erkenntnis, dass in vielen Lebensbereichen ein geringer Teil unserer Bemühungen für einen Großteil des Erfolges beziehungsweise des Ergebnisses verantwortlich ist. Oder – negativ formuliert – ein kleiner Anteil an Ursachen trägt die Schuld für einen großen Anteil an Problemen.

Nach meinen Beobachtungen gilt dieser Zusammenhang auch für das E-Mail-Aufkommen. Das heißt: Der überwiegende Teil des E-Mail-Posteingangs wird durch wenige Absender verursacht. Diese bezeichne ich als »Sorgenkinder«. Ihnen sollte die Aufmerksamkeit gehören, wenn Sie dauerhaft weniger E-Mails bekommen wollen. Was können Sie konkret tun?

Anleitung zur Identifikation von Sorgenkindern

1. Legen Sie zunächst einen Zeitraum fest, für den Sie Ihren E-Mail-Eingang analysieren wollen. Erfahrungsgemäß ist es ausreichend, wenn Sie die Mails der zurückliegenden vier bis sechs Wochen betrachten. Es geht um die Frage: Wer schreibt

Ihnen? Erstellen Sie eine Liste und schreiben Sie die Namen der Personen bzw. Abteilungen auf, die Ihnen E-Mails geschickt haben. Machen Sie für jede Mail, die Sie von einer bestimmten Person/Abteilung erhalten haben, einen Strich hinter dessen/deren Namen.

Name	**Erhaltene Mails KW 32–38**	**Summe**	**Anteil**
Beckmann, Max	||||| ||||| ||||| ||||| ||||| |||	28	13,3 %
Dr. Häuser	||||| ||||| ||||| ||||| ||||| ||||| ||||	34	16,1 %
Krause, Marcus	||||| ||||| |||||		16	7,6 %
Englert, Simone	||||| ||||| ||||| ||||| ||	22	10,4 %
Abt. Personal	||||| ||||| ||||| ||||| ||||| ||||| ||||| ||||| ||||| |||	48	22,7 %
Andere	||||| ||||| ||||| ||||| ||||| ||||| ||||| ||||| ||||| ||||| ||||| ||||| |||	63	29,8 %
Summe		211	100,0 %

Beispiel für eine Auswertungsliste

2. Manchmal – das hängt von der Position oder genauen Aufgabe ab – sind es nicht einzelne Absender, sondern bestimmte Themen, die einen überdurchschnittlichen E-Mail-

Verkehr erzeugen. Hier können Sie mit der gleichen Methode die »Top-Themen« einkreisen. Eventuell kann es für Sie auch sinnvoll sein, zwei Listen zu erstellen – eine Absender- und eine Themenliste. Der parallele Blick auf beide Listen zeigt Ihnen dann, wer oder was Ihre »Sorgenkinder« sind.

3. Diese Problemfälle sollten Sie nun genauer analysieren. Warum schreibt man Ihnen? Welcher Art sind die E-Mails? Sind es eher E-Mails nach dem Motto: »Ich habe dem Kunden ABC unser Modell ›XYZ‹ verkauft und wollte Ihnen das nur mitteilen, damit Sie wissen, was für ein toller Typ ich bin?« Oder handelt es sich um (nach)fragende Mails, die eine konkrete Aktion/Antwort von Ihnen erfordern, zum Beispiel: »Welche Kunden sollen wir zu unseren Innovationstagen einladen?« Eine dritte Kategorie bilden erinnernde Mails, also etwa: »Haben Sie schon Gelegenheit gehabt, sich den Vertriebsplan für die Region Süd anzusehen?«

4. Im letzten Schritt sollten Sie nun die eigentlichen Ursachen aufdecken. Denn: Hinter jedem der genannten Typen von E-Mails stehen meistens Versäumnisse auf Ihrer Seite. Bevor man andere für den Dauerstau im Posteingang verantwortlich macht, sollte man kritisch in den Spiegel blicken und sich selbst fragen:
   - Sind die Briefings, die ich gebe, ausführlich genug und aussagekräftig?
   - Sind die Abläufe in meinem Bereich verständlich und detailliert beschrieben?
   - Haben die Mitarbeiter die Freiräume und Kompetenzen, die sie brauchen, um ihre Aufgaben selbstständig ausführen zu können?

- Spreche ich gelegentlich ein konkretes Lob aus?
- Beantworte ich Anfragen zuverlässig, wenn es einmal länger dauern sollte?

Zur Verdeutlichung der Sorgenkinder-Methode wieder ein Beispiel aus meiner eigenen Arbeit: Ich habe eine Liste mit Absendern eines Zeitraums von sieben Wochen erstellt und dabei herausgefunden, dass die überwiegende Zahl der Mails, die ich erhielt, von meinen Studenten stammte. Hier wiederum gab es vor allem ein Thema, das die angehenden Akademiker bewegte, nämlich formale Fragen zu den Seminararbeiten, die zu erstellen waren. Was habe ich gemacht? Ich habe die Informationen, die ich üblicherweise zu Semesterbeginn verteile, wesentlich ausführlicher gestaltet und dabei alle Fragen berücksichtigt, die mir in der Zeit davor per Mail gestellt wurden. Die angenehme Folge: Mails mit Fragen zur Gestaltung von Seminararbeiten gingen deutlich zurück. Das also war ein Teil der Lösung, um mein persönliches E-Mail-Aufkommen zu reduzieren.

Sprich-mit-dem-Bären-Technik: Thematisieren Sie Probleme früh

Im Berufsleben sind Konflikte an der Tagesordnung. Wenn man es positiv sehen will, dann sind Auseinandersetzungen ein Zeichen einer lebendigen Gesprächskultur und oftmals Ausgangspunkt von Veränderungen. Allerdings werden Konflikte häufig gar nicht oder unsachlich gelöst. Sie schwelen dann vor sich hin oder führen zu dauerhaftem Streit der Beteiligten. Die negative Folge: Oftmals wird sehr viel Zeit für das Austragen von Konflikten verschwendet. Damit ist klar: Wer konstruktiv mit Konflikten umgehen kann, spart Zeit.

Anders als vermutet, lautet die Empfehlung jedoch nicht, Konflikte zu vermeiden. Im Gegenteil: **Packen Sie heikle Themen frühzeitig an und machen Sie keinen Bogen um Probleme.** Denn ungelöste, rumorende Konflikte verhindern eine konstruktive Zusammenarbeit der Betroffenen, belasten die Effizienz der Abteilung und lenken unnötig von den wichtigen Aufgaben ab. Hinzu kommt, dass Konflikte die Tendenz haben, im Zeitablauf an Schärfe und Ausmaß zu gewinnen. Sie kennen das wahrscheinlich: Am Anfang hat man sich nur über eine Kleinigkeit gestritten, dann ist die Diskussion eskaliert. Und am Ende weiß man gar nicht mehr, was der eigentliche Auslöser war. Es ist deshalb von hoher Bedeutung, frühzeitig Warnsignale von Konflikten zu erkennen.

Acht Anzeichen, die auf Konflikte hindeuten können (wohlgemerkt: nicht müssen)

1. Der Umgangston der Betroffenen ist sehr förmlich.
2. Die Gespräche der Betroffenen konzentrieren sich auf harte Fakten.
3. Die Betroffenen schauen sich nicht direkt in die Augen und vermeiden jeglichen Körperkontakt.
4. Die Betroffenen sprechen nicht über private Angelegenheiten.
5. Die Betroffenen geben Informationen oft zu spät oder gar nicht weiter.

6. Die Betroffenen ziehen sich aus gemeinsamen Projekten zurück oder erscheinen nicht zu gemeinsamen Besprechungen.
7. Die Betroffenen machen abfällige Bemerkungen übereinander.
8. Die Betroffenen setzen Gerüchte übereinander in Umlauf.

Vielen Menschen fällt es schwer, Konflikte offensiv anzugehen. Man hofft, dass sich der Streit irgendwie von allein erledigt. In der Tat ist es so, dass es manchmal besser sein kann, eine Sache auf sich beruhen zu lassen, wenn der Anlass eine Trivialität ist. Häufig jedoch ist diese »Vogel-Strauß-Strategie« falsch, wenn nicht gar fatal. Denn ein ungeklärter Konflikt besteht untergründig weiter fort und kann bei nächster Gelegenheit erneut und vielleicht sogar verstärkt ausbrechen. Also: **Sprechen Sie die Themen, die Sie belasten, frühzeitig an.**

Wenn es Sie beispielsweise stört, dass Kollege Vollmuth nie seine Kaffeetasse spült und dies immer den anderen überlässt, dann reden Sie in einem ruhigen Moment mal mit ihm darüber. Oder wenn Ihre Büronachbarin Frau Gengenbauer stets in der Lautstärke eines startenden Düsenjets telefoniert, dann suchen Sie in einer entspannten Situation das Gespräch mit ihr.

Wie hilfreich es sein kann, miteinander zu sprechen, zeigt die folgende Anekdote eines mir unbekannten Autors, die diesem Tipp den Namen gegeben hat.

Die Todesliste des Bären

Große Aufregung im Wald! Es geht das Gerücht um, der Bär habe eine Todesliste. Alle fragen sich, wer denn nun da draufsteht. Als Erster nimmt der Hirsch allen Mut zusammen und geht zum Bären und fragt ihn: »Entschuldige Bär, eine Frage: Bin ich auf deiner Liste?«
»Ja«, sagt der Bär, »du stehst auch auf meiner Liste.«
Voller Angst dreht sich der Hirsch um und läuft weg. Und tatsächlich, nach zwei Tagen wird der Hirsch tot aufgefunden. Die Angst bei den Waldbewohnern steigt immer mehr, und die Gerüchteküche brodelt: Wer steht denn nun noch auf der Liste? Das Wildschwein ist das nächste Tier, dem der Geduldsfaden reißt und das den Bären aufsucht, um ihn zu fragen, ob es auch auf der Liste steht.
»Ja, auch dein Name ist auf meiner Liste vermerkt«, antwortet der Bär. Verschreckt verabschiedet sich das Wildschwein vom Bären. Auch das Wildschwein findet man nach zwei Tagen tot auf.

Nun bricht Panik bei den Waldbewohnern aus. Nur der Hase traut sich noch zum Bären. »Hey Bär, stehe ich auch auf deiner Liste?«
»Ja, auch du stehst auf meiner Liste!«
»Kannst du mich da streichen?«
»Ja, klar, kein Problem!«

Stamm-Ast-Blatt-Schema: Gliedern Sie Ihre Betreffzeilen in deduktiver Form

Was, glauben Sie, ist die wichtigste – und oft auch schwierigste – Aufgabe beim Schreiben von E-Mails? Nach meiner Ansicht ist es die Formulierung der Betreffzeile – denn diese ist das Erste, was der Empfänger liest. Die Betreffzeile und der Name des Absenders sind die beiden bedeutendsten Kriterien für den Empfänger, um die Wichtigkeit einer E-Mail zu beurteilen. Weitere Gründe sprechen dafür, sich mit der Formulierung der Betreffzeile Mühe zu geben: Je aussagekräftiger die Betreffzeile ist, desto einfacher hat es der Empfänger, die Kerninhalte der Nachricht auf einen Blick zu erfassen, und desto leichter fällt es ihm, die Mail zu archivieren beziehungsweise im Bedarfsfall in einem Verzeichnis wiederzufinden.

Sieben Tipps für das Schreiben von Betreffzeilen

1. Schreiben Sie immer einen Betreff. Die Betreffzeile leer zu lassen ist ein Zeichen von Unprofessionalität und Missachtung des Empfängers.
2. Viele Schreibprofis empfehlen, die Betreffzeile so kurz wie möglich zu halten. Ich bin gegenteiliger Ansicht: Je länger der Betreff ist, desto präziser können Sie den Empfänger informieren. Dennoch müssen Sie sich kurz fassen, denn manche E-Mail-Programme schneiden bei externen Mails den Betreff nach einer definierten Zeichenzahl (zum Beispiel 40 Zeichen) ab. Ideal ist es daher, wenn es Ihnen gelingt, Ihr Anliegen mit wenigen konkreten Begriffen auszudrücken.

3. Verwenden Sie inhaltsreiche Begriffe. Wer im Betreff nur »Frage«, »Bestellung« oder »Brief« schreibt, braucht sich nicht zu wundern, wenn er keine Antwort erhält. Seien Sie genau und schreiben Sie beispielsweise »Frage zur Lieferung Nr. 050102« oder »Offene Punkte zur Bestellung vom 26. 10. 2014«.
4. Verwenden Sie, wenn möglich, Verben – so wird deutlicher, worum es geht. Statt »Versandbestätigung« schreiben Sie also: »Ihre Bestellung vom 11. 12. 2014 wurde versandt.«
5. Erwähnen Sie in der Betreffzeile – dort, wo es sinnvoll ist –, was der Empfänger zu tun hat (»Zur Info«, »Mit der Bitte um Erledigung«) und welche Dringlichkeit Ihre E-Mail besitzt.
6. Wenn Sie eine Antwort bis zu einem bestimmten Termin benötigen, dann sollten Sie dies ebenfalls erwähnen (»Flyer für Messe Frankfurt – Bitte um Freigabe bis 30. 11. – 17:00«).
7. Viele Firmen haben Spamfilter eingerichtet, um ihre Belegschaft vor Werbemails zu schützen. Leider überwindet gelegentlich auch eine seriöse Mail diese Torwächter nicht. Um das zu verhindern, sollten Sie bei der Formulierung der Betreffzeile die folgenden Tipps beherzigen.
   - Schreiben Sie nicht in Großbuchstaben.
   - Verwenden Sie keine Ausrufezeichen oder Sonderzeichen wie »&«, »[«, »*« oder »#«.
   - Verzichten Sie auf sehr werbliche Begriffe wie etwa »einmalig«, »großartig«, »ultra« und so weiter.
   - Vermeiden Sie zudem Wörter, auf die Spamfilter höchst sensibel reagieren, wie zum Beispiel »Kredit«, »Nachlass«, »frei«, »umsonst«, »100 %« oder »Bargeld«.

Und nun noch ein Bonustipp – in meinen Augen sogar der beste Hinweis: Versuchen Sie, Ihre Betreffzeilen wie Datei- oder Verzeichnisstrukturen aufzubauen. Gliedern Sie dabei in deduktiver Form, das heißt: Nennen Sie zunächst das Allgemeine und dann das Besondere. Oder – bildlich ausgedrückt – beschreiben Sie zuerst den Stamm, dann den Ast und schließlich das Blatt. Benutzen Sie zur Abtrennung der einzelnen Informationen den Schrägstrich »/« oder die Pfeiltaste »>«.

Ein Beispiel zur Erläuterung: Angenommen, Sie arbeiten in der Konstruktionsabteilung eines Maschinenbauunternehmens und Sie benötigen die Daten zur Anfertigung eines Fundaments für einen bestimmten Kunden, dann schicken Sie Ihrem zuständigen Kollegen keine E-Mail mit dem lapidaren Betreff »Bitte«, sondern formulieren Sie so wie in folgendem Screenshot dargestellt.

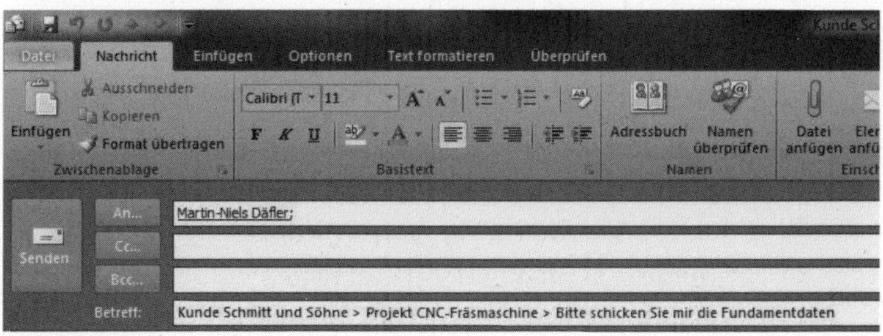

Stativ-Metapher: Achten Sie auf Ihre Work-Life-Balance

Zu meiner Einführungsvorlesung in das Fach »Selbstmanagement« bringe ich seit einiger Zeit ein höhenvariables

Fotostativ mit, das ich ein wenig umgebaut habe. Am Stativkopf habe ich – statt einer Kamera – eine schwarze Platte montiert. Auf diesen »Tisch« setze ich einen faustgroßen Knautschball mit Grinsegesicht. Diese Konstruktion steht dann – zur vollen Höhe ausgefahren – eine zeitlang neben dem Vortragspult, bis ich zu dem Punkt »Work-Life-Balance« komme.

Die Botschaft ist simpel: Langfristig kann es uns nur gut gehen, wenn wir im Gleichgewicht sind beziehungsweise, wenn alle Lebensbereiche gleichermaßen zu ihrem Recht kommen. Wie so oft im Selbstmanagement ist es weniger der intellektuelle Anspruchsgehalt der Regel, sondern die Schwierigkeit, sich im Alltag daran zu erinnern. Deshalb versuche ich, wo möglich, mit einprägsamen Bildern eine gewisse Eindringlichkeit zu erzeugen. Das klappt in diesem Fall mit dem Stativ ganz hervorragend.

Ich sage also »Achten Sie darauf, dass Sie in Ihrem Leben stets die BALance halten.« Ich nehme dann einen vorbereiteten Zettel mit dem Buchstaben »B« und klebe ihn an ein Stativbein. Das »B« steht für Beziehungen. Damit meine ich, dass wir unserer Familie und unseren Freunden ausreichend Zeit, Aufmerksamkeit und Anteilnahme schenken sollten. Als Nächstes kommt der Buchstabe »A« an die Reihe, der für den Bereich »Arbeit« steht. Und schließlich hefte ich das »L« an den dritten Stativfuß: »L wie Leben«, erkläre ich dann, »symbolisiert alles, was mit Ihnen unmittelbar zu tun hat – Ihre seelische und körperliche Gesundheit. Genügend Zeit für sich selbst, für Hobbys und die Dinge, die Ihnen Kraft schenken.«

Nach dieser Erläuterung löse ich die Feststellschraube eines beliebigen Stativbeins und schiebe es behutsam zu-

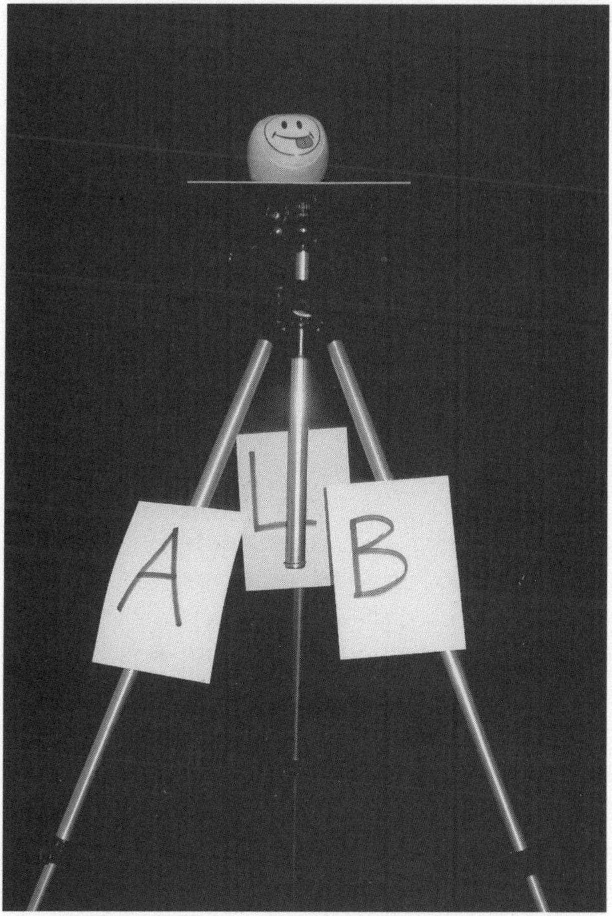

sammen. Bereits nach wenigen Zentimetern gerät die am Stativkopf montierte Platte aus der Horizontalen, und der Knautschball plumpst zu Boden. Ich kommentiere diesen Vorgang so: »Meine Damen und Herren, wenn man nur einen der drei Bereiche vernachlässigt, ihn über längere

Zeit ignoriert, dann kommen Sie aus der Balance. Vermeiden Sie daher Einseitigkeit. Es ist wie in der Ernährung – dort gilt auch die Regel, ausgewogen zu essen. Wer nur Chips und Schokoriegel konsumiert, aber kein Gemüse und Salat isst, wird früher oder später krank. Und wer sich nur auf seine Arbeit konzentriert, ohne an sich zu denken und seine Beziehungen zu pflegen, der wird mit großer Wahrscheinlichkeit irgendwann ausgebrannt sein.«

Die Stativ-Metapher soll uns also immer wieder daran erinnern, kritisch zu fragen, ob wir uns im Gleichgewicht befinden oder ob einer der drei Bereiche zu kurz kommt.

Staubkorn-Metapher: Lassen Sie sich den Tag nicht durch Kleinigkeiten verderben

Nassim Talebs Bestseller *Der Schwarze Schwan* endet mit einer wunderschönen Metapher, die ich Ihnen kommentarlos weiterreichen möchte: »Stellen Sie sich ein Staubkorn neben einem Planeten vor, der eine Milliarde Mal so groß ist wie die Erde. Dieses Staubkorn repräsentiert die Chancen dafür, dass wir geboren werden, der riesige Planet die Chancen dagegen. **Deshalb sollten Sie aufhören, sich den Tag durch Kleinigkeiten verderben zu lassen.** Seien Sie nicht wie der Undankbare, der ein Schloss geschenkt bekam und sich über den Schimmel im Bad aufregte.«

Staubsaugerlärm-Phänomen: Unterbrechen Sie unangenehme Aufgaben nicht

Stellen Sie sich eine wirklich unangenehme Aufgabe vor: Die Reisekostenabrechnung zu erstellen, das Protokoll der letzten Projektsitzung zu verfassen oder den 17seitigen Statusbericht zur SAP-Einführung zu lesen. Egal, an welchen Horrorjob Sie jetzt gerade denken: Was, glauben Sie, ist besser: a) Die Sache schnell hinter sich zu bringen und sie in einem Rutsch zu erledigen oder b) ein paar kleine Unterbrechungen einzuplanen?

Und nun wollen Sie bitte an eine gegenteilige Situation denken, nämlich an eine Tätigkeit, die Sie wirklich gern machen. Auch hier ist es völlig egal, was das ist. Wenn Sie ein Zahlenmensch sind, dann bereitet es Ihnen vielleicht Vergnügen, Excel-Tabellen zu analysieren. Wenn Sie eher der kreative Typ sind, dann haben Sie eventuell Spaß daran, Folien zu erstellen. Wie auch immer: Was, meinen Sie, ist sinnvoller: c) Die angenehme Aufgabe ohne Pause zu erledigen oder d) bewusst zwischendrin etwas anderes zu tun?

Wenn Sie wie die meisten Menschen gestrickt sind, dann haben Sie bei der ersten Frage mit b) und bei der zweiten mit c) geantwortet. Dies jedoch ist die falsche Strategie! Zumindest, wenn man den Forschungsergebnissen von Leif D. Nelson von der University of California und Tom Meyvis von der New York University Glauben schenkt. Nelson und Meyvis haben in ihren Experimenten nämlich herausgefunden, dass Menschen weniger leiden, wenn sie eine unangenehme Erfahrung nicht unterbrechen. Und sie erfreuen sich mehr an einer angenehmen Erfahrung, wenn sie zwischendurch eine Pause einlegen.

Überprüft haben Nelson und Meyvis ihre These unter anderem an negativen Erfahrungen: Staubsaugerlärm, die Hand in kaltes Wasser tauchen, Besuch beim Zahnarzt oder in der Warteschlange anstehen. Zu den positiven Erlebnissen zählte ein Flug in der ersten Klasse, Musik hören oder ein Eis essen. Die Quintessenz der Wissenschaftler: Macht man während einer nervigen Aufgabe eine Pause, so fällt es anschließend viel schwerer, erneut damit zu beginnen. Und umgedreht gilt: Wenn man Angenehmes kurz unterbricht, so genießt man hinterher das Schöne noch intensiver.

Nelson und Meyvis erklären dieses Phänomen mit der hedonistischen Adaption. Auf gut Deutsch: Wir passen uns recht schnell an eine neue Situation an und gewöhnen uns an sie. Die ersten fünf Minuten in der warmen Badewanne sind noch ein Hochgenuss, die nächsten fünf auch noch recht schön, aber ziemlich bald haben wir uns an das wohlige Gefühl gewöhnt. Wer mal kurz aus der Wanne steigt, um sich beispielsweise ein kühles Bierchen zu holen, wird das Wiedereintauchen ins Schaumbad mehr genießen als jemand, der darin verharrt. Analog gilt bei blöden Aufgaben: Wenn man sie unterbricht, dann genießt man den (kurzen) Moment, muss sich aber neu überwinden, wenn es an den zweiten Teil des gehassten Jobs geht.

Also: Ziehen Sie unangenehme Aufgaben lieber an einem Stück durch, statt sie (mehrfach) zu unterbrechen, und versuchen Sie, Schönes durch bewusste Pausen zu verlängern!

Staubuch-Regel: Haben Sie immer etwas zu lesen für Wartezeiten dabei

Es war der 6. Februar. Ich bin morgens um 04:00 Uhr aufgestanden, um rechtzeitig um 09:00 Uhr in Essen zu einer Weiterbildungsveranstaltung zu sein. Doch ich hatte nicht mit solch chaotischen Verkehrsverhältnissen gerechnet. Im Radio begann der Verkehrsfunk mit »Aufgrund der sehr angespannten Verkehrslage auf den Straßen in Nordrhein-Westfalen sagen wir nur Staus ab einer Länge von 20 Kilometern durch ...« Ab 20 Kilometern!!! Das hatte ich noch nie erlebt. Wie auch immer: Nichts ging mehr auf der A3 bei Köln. Wie froh war ich da, dass ich nur ins Handschuhfach greifen musste, denn dort verwahre ich immer ein Buch.

Ich habe mir angewöhnt, im Auto immer ein Buch mitzuführen. Auch wenn ich mit anderen Verkehrsmitteln unterwegs bin, nehme ich mir ausreichend Lesestoff mit. Ich nenne diese Art der Lektüre meine »Staubücher«.

Egal, mit welchem Gefährt man unterwegs ist – immer wieder kommt es zu Verzögerungen und Wartezeiten. Anstatt sich über die Situation zu ärgern, können Sie das Beste daraus machen und sich sagen: »Okay, es geht jetzt nicht weiter, so habe ich wenigstens die Gelegenheit zum Lesen.«

Da ich recht viel unterwegs bin, schaffe ich es, ungefähr drei Staubücher pro Jahr zu lesen. Egal, ob ich nachmittags vor der Schule warte, um meine Kinder abzuholen, oder ob ich auf dem Weg zur Vorlesung wegen eines umgekippten Bierlasters nicht vorankomme – stets ist ein Buch in Reichweite, mit dem ich die Zeit sinnvoll nutzen kann. Zur Nachahmung empfohlen!

Stromausfall-Trick: Schalten Sie das Licht aus, um gute Ideen zu bekommen

Als ich vor ein paar Jahren mit der wunderbarsten aller Ehefrauen ein paar Tage in Kapstadt verbringen durfte, regnete es. Das hatten wir uns anders vorgestellt. Im November wollten wir Sonne tanken und nicht dasselbe besch*** Wetter haben wie zu Hause. Egal, wir machten das Beste daraus. So frönte ich an einem Nachmittag meiner Lieblingsbeschäftigung und suchte eine Buchhandlung auf. Dort entdeckte ich ein fantastisches Büchlein. Geschrieben hatte es John Hunt, ein südafrikanischer Drehbuchautor, der zugleich Kreativdirektor der Agentur TBWA ist. In »The Art of The Idea« findet sich ein Trick zur Beschleunigung der Kreativität, der nicht nur ganz einfach umzusetzen ist, sondern auch tolle Ergebnisse hervorbringt: Hunt empfiehlt, bei einem Meeting **für zehn Minuten das Licht auszumachen und den Vorhang zuzuziehen beziehungsweise die Jalousien herunterzulassen.** Die Logik dahinter: In einem dunklen Raum bekommt man ganz andere Ideen als in einem hellen.

Ich habe diese Idee schon oft für mich allein und auch im Hörsaal angewendet. Meine Erfahrungen waren sehr positiv. Deshalb: Wenn Sie auf der Suche nach guten Ideen sind, stellen Sie sich einfach vor, es sei Stromausfall und die Lichter würden ausfallen! Sollte es keine Abdunkelungsmöglichkeit geben, so kann man ersatzweise auch einfach die Augen schließen. Aber bitte nicht einschlafen!

Tennisball-Übung: Vermeiden Sie Multitasking

In meinen Vorlesungen ernte ich stets positives Feedback, wenn ich folgende Übung mache. Zunächst frage ich: »Wer ist bereit, einmal zu mir nach vorn zu kommen?« Natürlich schauen dann alle auf ihre Unterlagen oder kramen in ihren Taschen. Bloß keinen Blickkontakt mit dem Prof, sonst erwischt es mich! Ich ergänze dann: »Keine Sorge, Sie müssen nichts sagen.« Einige Mutige stellen dann ihre Nebentätigkeit ein, doch noch immer reckt sich kein Finger. Ich: »Ehrlich: Sie werden nicht bloßgestellt und müssen auch nichts Unanständiges machen.« Wenn ich dann lange genug warte, erbarmt sich schließlich ein Freiwilliger.

Mit demonstrativem Applaus führe ich dann diejenige oder denjenigen nach vorn und sage ihr/ihm: »Ich werde Ihnen nun Tennisbälle zuwerfen, versuchen Sie, so viele wie möglich zu fangen.« Danach hole ich einen kleinen Korb hervor, in dem zehn gelbe Tennisbälle liegen, und werfe diese auf einmal – aus dem Korb heraus – meinem Gegenüber zu. Wer Glück hat oder geschickt ist, kann zwei Bälle fangen. Anschließend sammle ich die Bälle wieder ein und wiederhole das Ganze, mit dem Unterschied, dass ich die Bälle nun einzeln, nacheinander werfe. Das wenig überraschende Ergebnis: Alle Bälle landen sicher in der Hand des Studierenden.

Natürlich ist diese Übung bewusst theatralisch inszeniert, aber dennoch illustriert sie einen ganz wichtigen Arbeitsgrundsatz: **Machen Sie jeweils nur eine Sache und arbeiten Sie nicht parallel an verschiedenen Aufgaben.** Auf Neudeutsch heißt das: Vermeiden Sie Multitasking.

Wissenschaftliche Studien am Kings College in London haben ergeben: Mitarbeiter, die eine Aufgabe erledigen und sich dabei gleichzeitig den E-Mails widmen, bringen eine schlechtere Leistung als Mitarbeiter, die infolge von Marihuana zugedröhnt sind. Es soll dies nun keine Aufforderung zum Kiffen sein, sondern die seriöse Begründung dafür, warum Multitasking schlecht ist.

Mittlerweile ist erwiesen, dass es sich bei Multitasking um eine psychologische Täuschung handelt. Wir merken einfach nicht, wie einzelne Sekunden beim Wechseln von einer Aufgabe zur anderen verloren gehen. Weil unser Gehirn durch den Wechsel so beansprucht wird, entsteht für uns der subjektive Eindruck von Produktivität. Es ist also ein Irrglaube, dass man verschiedene Aufgaben parallel machen könne. Das Gegenteil ist der Fall – Effizienzverluste sind die unmittelbare Folge von Multitasking. Es zählt eben nicht nur Geschwindigkeit, sondern auch die Qualität. Klar, zehn Tennisbälle auf einmal sind schneller geworfen als der Reihe nach. Entscheidend ist jedoch nicht das Wurftempo, sondern die Fangquote!

Mein Vater pflegte das so auszudrücken:

»Mach langsam, mach's wie beim Klöße essen: einen nach dem anderen!«

Torero-Technik: Schieben Sie unangenehme Aufgaben nicht vor sich her

Wie oft drücken wir uns vor unangenehmen Aufgaben? Die Ablage machen, den Projektbericht schreiben, die Einkommenssteuererklärung ausfüllen, den Keller aufräumen, bei Großtante Martha anrufen? Wir wissen genau, dass wir das tun müssten oder sollten, verschieben es aber von Tag zu Tag und Woche zu Woche, mit dem Ergebnis, dass die Aufgabe unerledigt bleibt und dass sie uns zermürbt. Das drückt auf die Stimmung, lähmt die Effizienz und nagt an unserem Selbstwertgefühl.

Prokrastination, wie der Fachbegriff für Aufschieberitis lautet, ist ein weit verbreitetes Phänomen und tritt meist aus einem der vier folgenden Gründe auf:

1. Entweder wir brauchen den Druck der kurz bevorstehenden Deadline, um uns an die Arbeit zu machen, oder
2. wir haben so viel zu tun, dass wir bis zum letzten Moment warten, oder
3. wir haben Angst zu scheitern und versuchen deshalb, das Unausweichliche so lange wie möglich zu vermeiden, oder
4. uns liegt die zu absolvierende Tätigkeit schlichtweg nicht.

Gelegentlich ist es sogar eine prima Idee, eine unliebsame Aufgabe *nicht* anzugehen. Denn mitunter erledigt sie sich von allein oder geht später leichter von der Hand. Dennoch: In den meisten Fällen belastet uns – zumindest unterbewusst – das Unerledigte. Wie einen mit Backsteinen gefüllten Rucksack schleppen wir die hinausgezögerten To-dos mit uns herum. Wie Sie die Backsteine entfernen können, verrate ich Ihnen nun.

Sieben Tipps gegen Aufschieberitis

1. Überlegen Sie sich, welche Vorteile/Nutzen Sie durch das Erledigen haben. Nicht immer sind das positive Auswirkungen, sondern es ist das Vermeiden von negativen Konsequenzen. Wer dem Chef den Projektbericht mit zwei Wochen Verspätung abgibt, sammelt selten Pluspunkte.
2. Versuchen Sie zu ergründen, was Sie in Ihrem tiefsten Inneren davon abhält, die Aufgabe in Angriff zu nehmen. Wenn man die Ursache seiner Abneigung kennt, tut man sich leichter damit, sie abzustellen.
3. Manchmal spüren wir, dass wir eine Aufgabe gar nicht richtig bearbeiten können, weil es uns dazu an bestimmten Voraussetzungen mangelt. Fragen Sie sich daher: Was fehlt mir, um die Sache zu erledigen? Sind es bestimmte Hilfsmittel? Oder spezifische Fähigkeiten? Oder vielleicht spezielle Informationen?
4. Warum müssen Sie die Sache eigentlich selbst machen? Eventuell gibt es jemanden, der dafür besser geeignet wäre. Finden Sie heraus, ob Ihnen ein Kollege/Freund/Bekannter den Job abnehmen könnte. Was können Sie im

Gegenzug anbieten? Bezahlung? Ein Tauschgeschäft – du machst die Kalkulation für mich, dafür schreibe ich dir den Kundenbrief?

5. Vielleicht kennen Sie die Scherzfrage: Wie isst man einen Elefanten? In Stücken! Das ist zwar nur mäßig witzig, dafür ein guter Tipp. Also: Unterteilen Sie die Aufgabe in kleine Bestandteile. Wenn Sie zum Beispiel Ihre Steuererklärung erstellen müssen, dann füllen Sie an einem Tag alles aus, was mit dem Job zu tun hat (Fahrtkosten, Arbeitszimmer). Am nächsten Tag tragen Sie die Informationen für außergewöhnliche Ausgaben (Arzt, Handwerkerrechnungen) ein und tags darauf widmen Sie sich den Zinseinnahmen.
6. Fangen Sie mit der schlimmsten Teilaufgabe an – packen Sie wie ein Torero den Stier bei den Hörnern! Auf diese Weise haben Sie gleich zu Beginn ein Erfolgserlebnis, das Sie motiviert. Und Sie wissen: Der schwierigste Teil liegt hinter Ihnen.
7. Bei besonders langwierigen oder widerlichen Aufgaben darf man sich für das Erreichen von Etappenzielen belohnen. Je nach Gusto können Sie sich ein Abendessen beim Italiener gönnen, endlich die lang ersehnte Bluse kaufen oder eine extra große Portion Stracciatella-Eis vernichten.

Tropen-Regel: Ändern Sie die Dinge oder akzeptieren Sie sie

Gelegentlich führen mich meine Reisen in Regionen, in denen der Verzehr von Speisen ein gewisses gesundheitliches Risiko darstellt. Nicht jede in Kathmandu oder Assuan gereichte Mahlzeit wurde unter den gleichen hygienischen Bedingungen zubereitet, wie wir verwöhnte und aseptische Europäer sie kennen. Folglich raten Reiseführer für solche Gegenden stets dazu, sich an die Tropen-Regel zu halten: »Cook it, peel it or leave it!« Mit anderen Worten: Man sollte aus Vorsichtsgründen auf alle Lebensmittel verzichten, die nicht gekocht wurden oder sich nicht schälen lassen.

Ein ähnliches, wenngleich viel grundsätzlicheres Prinzip findet sich in der angelsächsischen Lebenshilfe-Literatur wieder, nämlich die von mir als »erweiterte Tropen-Regel« bezeichnete Empfehlung: »Change it, love it or leave it!« Das klingt verdächtig nach einer Binsenweisheit, ist nach meinen Erfahrungen aber eine außerordentlich wichtige und wahre Lebenserkenntnis. Entweder man macht etwas gern, oder man stellt die Ursachen für Unzufriedenheit ab. Ist beides nicht der Fall beziehungsweise nicht möglich, dann lautet die Konsequenz, darauf zu verzichten oder sich davon zu trennen.

Da dieses Buch keinen psychotherapeutischen Anspruch erhebt, wollen wir uns hier nicht mit Beziehungsthemen oder Lebenskrisen beschäftigen, sondern uns auf den rein beruflichen Kontext beschränken. Es geht also um die Arbeitsfreude-Verhinderungs-Faktoren. Im Folgenden möchte ich dieses Wortungetüm durch »Stressoren«

ersetzen. Das ist wissenschaftlich gesehen zwar nicht ganz zutreffend, soll uns hier aber im Sinne der sprachlichen Vereinfachung genügen.

Also: Stressoren (wie sie im Kapitel »Sie haben es in der Hand« beschrieben wurden) machen uns das Arbeitsleben schwer. Wie können wir nun damit umgehen? Basierend auf der erweiterten Tropen-Regel habe ich vier Strategien entwickelt:

1. **Sie ignorieren/akzeptieren den Stressor.** Das heißt zwar nicht unbedingt, dass Sie die Situation lieben müssen (»love it«), aber Sie können sich zumindest ganz gut damit arrangieren.
2. **Sie versuchen, den Stressor zu beseitigen oder ihn so zu ändern, dass er sie nicht mehr stört.** Das ist das »change it« in der Tropen-Regel.
3. **Sie probieren, den Stressor neu zu bewerten,** also eine vernünftige Erklärung zu finden, die es Ihnen leichter macht, mit der Lage klarzukommen. Diese Strategie ist so nicht in der Tropen-Regel vorgesehen; ich würde diese Alternative als »think about it« bezeichnen.
4. **Sie wenden das »leave it« der Tropen-Regel an** und beenden den unerfreulichen Zustand beziehungsweise sagen dem Stressor »Tschüss«.

Für welche Strategie soll man sich entscheiden? Drei Fragen können helfen, eine Antwort zu finden:

- **Erste Frage:** Kann ich den Stressor akzeptieren? Oder ist er so nervig, dass ich mich näher mit ihm befassen sollte?
- **Zweite Frage:** Kann ich überhaupt etwas an den Ursa-

chen des Stressors ändern? Habe ich die realistische Chance, eine Änderung zu bewirken?

- **Dritte Frage:** Wenn ich schon nichts ändern kann, kann es mir dann vielleicht helfen, den Stressor anders zu sehen?

In folgender Grafik habe ich das Vorgehen beschrieben:

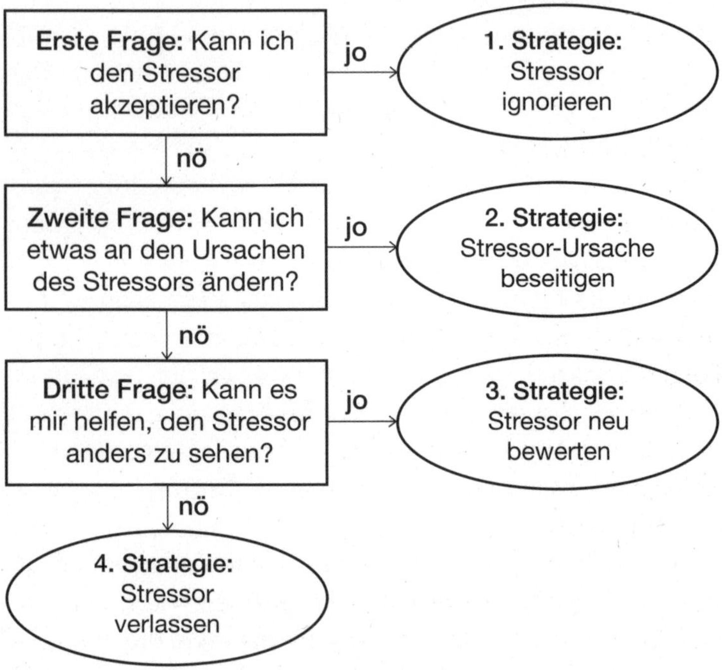

Diese einfache Anweisung lässt sich bei jeder Art von Stressor anwenden. Egal, ob es sich um einen psychisch-mentalen, sozialen, emotionalen oder physischen Stressor handelt: Mit den drei Fragen können Sie ab sofort

Ihre persönliche Stressor-Bekämpfungs-Strategie entwerfen.

Lassen Sie mich das anhand eines Beispiels erläutern. Angenommen, Sie leiden unter der wankelmütigen Art Ihres Chefs. Mal kommt er morgens bestens gelaunt ins Büro; fröhlich pfeifend schaut er durch Ihre Tür und grüßt Sie mit einem fast überschwänglichen »Einen wunderschönen guten Morgen«. Am nächsten Tag stampft er mit gesenktem Haupt schnurstracks durch den Flur und würdigt Sie keines Blickes. Bei der ersten Begegnung blafft er Sie an, wo die Workshop-Dokumentation des Vortrages bliebe. Nie wissen Sie, woran Sie sind; stets müssen Sie ungerechtfertigte Attacken befürchten. Klar, dass Ihnen das die Laune verdirbt. Also stellen Sie sich die erste Frage: Ist das Verhalten meines Chefs so nervig, dass ich mich näher damit befassen sollte? Wahrscheinlich würden die meisten Menschen mit einem eindeutigen »Ja« antworten. Folgt die zweite Frage: Kann ich etwas an der launischen Art meines Bosses ändern? Vermutlich nicht, denn sein flatterhaftes Auftreten dürfte wohl eher in seiner Persönlichkeit oder seinen Lebensumständen begründet sein als in Ihnen selbst.

Sie stellen also fest: Das Verhalten belastet Sie so schwerwiegend, dass Sie es nicht ignorieren können. Die erste Strategie scheidet also aus. Ebenso wie die zweite – die Quelle abzuschalten. Bleibt deshalb zu prüfen, ob die dritte Strategie, nämlich den Stressor neu zu bewerten, funktioniert. Im Klartext heißt das, eine plausible Erklärung für das sprunghafte Wesen Ihres Vorgesetzten zu finden, die Sie akzeptieren können. Hierbei kann Ihnen das »Bilderrahmen-Paradoxon« helfen.

Sollte Ihnen partout kein vernünftiges Argument (wie etwa »Dann wird's schon mal nicht langweilig im Büro«) einfallen, kommt nur noch die letzte Strategie infrage, nämlich die Reißleine zu ziehen und sich nach einem anderen Job umzusehen.

Tunnel-Prinzip: Lernen Sie, »Nein« zu sagen

Neulich stieß ich durch einen Zufall auf ein Urteil des Landgerichts Hagen (Aktenzeichen 7 S 31/12). Demnach musste der Fahrer eines Miet-Lkw, der die Durchfahrtshöhe eines Tunnels missachtet hatte und dadurch in einen Unfall verwickelt wurde, die Hälfte des Schadens tragen. In diesem Fall hatte der LKW eine Aufbauhöhe von 3,50 Metern, der Tunnel war allerdings nur 3,10 Meter hoch. Und es hat *Rummms* gemacht. Der Lkw-Fahrer hatte einfach übersehen, wie viel er sich aufgeladen hatte. Das Gericht wertete diesen Umstand als grobe Fahrlässigkeit, zumal an der Windschutzscheibe ein entsprechender Warnaufkleber prangte.

Dumm gelaufen, mag man sich denken und schmunzeln. Doch wir sollten nicht mit zu viel Schadenfreude über dieses Missgeschick lächeln, denn wir selbst bleiben auch nur allzu häufig stecken. Wie meine ich das? Stellen Sie sich vor, Sie wären ein Lkw mit einer offenen Ladefläche. Ständig kommen irgendwelche Leute und packen Ihnen hinten neue Ladung auf.

Da erscheint der Kollege Blomenkamp so plötzlich wie ein Reh auf der nächtlichen Landstraße in Ihrem Büro und bittet Sie, »so schnell wie möglich« mal die Pressemitteilung für die Eröffnung der Niederlassung zu schreiben. Kurz darauf klingelt das Telefon, und die Marketingabteilung will von Ihnen Input zum neuen Produktflyer. Nur eine Stunde später erfreut Sie der Chef mit der Aufforderung, bis morgen eine Präsentation für seinen Kundentermin zu erstellen. Paket um Paket kommt auf Ihre Ladefläche – und Sie steuern direkt auf den vor Ihnen liegenden Tunnel zu. Da Sie keinen Warnaufkleber mit der maximalen Durchfahrtshöhe haben, kracht es kurz darauf.

Vermutlich haben Sie schon erkannt, worum es mir geht, nämlich um die (Un-)fähigkeit, ein entschiedenes »Nein« zu artikulieren. Wer zu allem und jedem bereitwillig »Ja« sagt, wird sich schnell kaum noch vor Aufträgen, Anfragen und Arbeitskreisen retten können und dessen maximale Traglast ist bald überschritten.

Sobald wir merken, dass wir unsere höchstmögliche Beladung erreicht haben, dann müssen wir zum Selbstschutz neue Bitten ablehnen, wenn es nicht zu einem Unfall – also einer Überlastung bis hin zum Burn-out – kommen soll. Das ist freilich nicht immer möglich – schlecht können Sie ja dem Vorgesetzten ein lapidares »Nö, kann ich jetzt nicht machen, sonst bleibe ich im Tunnel stecken« entgegenrufen. Wohl aber kann man Aufträge oder Bitten, die von Kollegen oder Mitarbeitern kommen, höflich mit einem »Njet« bescheiden. Wie dies gelingt, ohne das Gegenüber vor den Kopf zu stoßen, erläutere ich in den folgenden Tipps.

Die fünf besten Tipps, mit denen es gelingen kann, auch mal »Nein« zu sagen

1. Ein Nein lässt sich am charmantesten verkaufen, wenn man bereit ist, eine Teillösung anzubieten: »Können Sie das bis heute um 12:00 Uhr erledigen?« – »Heute geht leider gar nichts mehr, aber das ist das Erste, was ich morgen mache.«
2. Den »Antragsteller« stoßen Sie nicht vor den Kopf, wenn Sie eine glaubwürdige Begründung haben: »Gern hätte ich das für Sie gemacht, aber ich muss heute pünktlich gehen, da ich noch einen Zahnarzttermin habe.«
3. Die Beziehung zum Anfrager bleibt intakt, wenn Sie es schaffen, Verständnis zu äußern: »Klar, ich verstehe, dass ihr momentan total im Stress seid. Leider ist's bei uns nicht besser – wir haben nächste Woche Messeaufbau.«
4. Etwas weniger taktvoll, dafür umso wirksamer ist es, grundsätzlich zu antworten: »Sorry, ich kann die Abrechnung nicht für Sie machen. Ich habe mir fest vorgenommen, zukünftig nur noch abteilungsinterne Aufgaben zu erledigen.«
5. Generell sollten Sie Ihr Nein nicht mit zu vielen Argumenten begründen. Je mehr Punkte, manchmal auch Ausreden, Sie verwenden, desto angreifbarer werden Sie.

U/V

Über-7-Brücken-Trick: Merken Sie sich Passwörter mit Hilfe von Liedern

Wie viel Zeit haben Sie schon damit verbracht, sich an Ihre Passwörter zu erinnern? Okay, wenn Sie zu den besonders originellen Zeitgenossen zählen, dann haben Sie vermutlich »password« oder »123456« gewählt und auch keine Schwierigkeiten damit, sich diese komplizierten Codewörter zu merken. Hacker allerdings auch nicht.

Sollten Sie nicht den Namen Ihres erstgeborenen Kindes, Ihrer Katze oder Ihrer verstorbenen Erbtante als Passwort verwenden, sondern eine willkürliche Zahlen-Buchstaben-Kombination, dann kann es immer wieder passieren, dass Sie sich die Folge falsch einprägen. War es nun fz4Ü#kl oder zf4ü$kl? Dies lässt sich mit einem einfachen Trick verhindern, den ich meinem lieben Bekannten und IT-Gott Peter zu verdanken habe. Wählen Sie sich ein beliebiges Lied aus und merken sich die Anfangsbuchstaben der ersten Liedzeile, also etwa

Über sieben (**7**) **B**rücken **m**usst **d**u **g**ehen = Ü7Bmdg

Ergänzen Sie nun noch ein Sonderzeichen Ihrer Wahl (§ – $ –% – & – #), und Sie haben ein vergleichsweise sicheres Passwort, an das Sie sich sehr gut erinnern können. Noch sicherer wird's, wenn Sie die zweite Liedzeile mit einem weiteren Sonderzeichen hinzunehmen, also:

Über sieben (**7**) **B**rücken **m**usst **d**u **g**eh'n,
sieben **d**unkle **J**ahre **ü**bersteh'n
= Ü7Bmdg#7dJü&.

Verlorene-Sonnenbrille-Frage: Regen Sie sich nicht auf – alles hat seinen Sinn

Ich war vor einiger Zeit, wie fast jeden Sonntag in der warmen Jahreszeit, mit meinem sehr guten Freund Thomas zum Mountainbike-Fahren unterwegs. Tags zuvor hatte es heftig geregnet – ein Sommergewitter hatte die Waldwege in Matschpisten verwandelt. Dies hielt uns jedoch nicht davon ab, die Räder aus der Garage zu holen und zu unserer Tour aufzubrechen.

Anstelle unserer üblichen Runde wollten wir heute mal eine neue Strecke ausprobieren. An einer Gabelung schlug Thomas vor, den rechten Weg zu wählen. Nachdem ich mich ebenso wenig auskannte wie er, stimmte ich zu. Mit kindlicher Freude bretterte ich durch die Schlammpfützen, sodass ich bald aussah, als hätte ich ein zweiwöchiges Bundeswehrmanöver hinter mir. Plötzlich bremste mein Radkollege. Ein Baumstamm lag quer, und kurz dahinter endete der Weg. Wir erkundeten die nähere Umgebung – weder links noch rechts wären wir weitergekommen. Uns blieb also keine Wahl, als wieder umzukehren. Das ärgerte uns, waren wir jetzt doch bestimmt eine Viertelstunde umsonst gefahren.

Die unfreiwillige Unterbrechung nutzten wir für eine kleine Trinkpause. Wir setzten uns auf den umgekippten Baumstamm, verschnauften und genossen die Stille des Waldes. Just in diesem Augenblick riss der bis dahin wolkenverhangene Himmel auf, und die Sonne schenkte uns ein Lächeln. Thomas griff in die Rückentasche seines Radtrikots, um seine neue – übrigens sehr teure – Sonnenbrille herauszuholen. Doch, dort war sie nicht. Auch in allen anderen Taschen suchte er vergebens. Er musste sie unterwegs verloren haben. Also ging es ohne Sonnenbrille weiter.

An einer Stelle mussten wir von den Rädern absteigen, da der Matsch so tief war, dass die Reifen durchdrehten. Auch auf dem Hinweg hatten wir hier schon den Sattel verlassen müssen. Den Blick auf den Boden gerichtet, suchten wir einen möglichst trockenen Pfad durch den Morast. Auf einmal stieß Thomas einen lauten Pfiff hervor – mitten im Schlick lag seine Sonnenbrille, zwar reichlich verdreckt, aber noch intakt. Sie musste ihm vorhin aus der Tasche gefallen sein.

Hätte der von uns befahrene Weg nicht in einer Sackgasse geendet, so hätten wir mit Sicherheit nie mehr Thomas' Brille gefunden – also hatte es doch etwas Gutes, dass wir umdrehen mussten.

An dieses Erlebnis muss ich seitdem immer denken, wenn mir ein Missgeschick passiert oder die Dinge nicht so laufen, wie ich es gern hätte. Denn: Oft ist es im Leben doch so, dass eine zunächst negative Situation mittel- bis langfristig sogar positive Folgen hat. Klar, Sie ärgern sich, weil Sie einen wichtigen Kundenauftrag verloren haben. Dafür bekommen Sie drei Wochen später eine viel lukrativere Bestellung, die Sie aus Kapazitätsgründen nicht hätten annehmen können, wenn Sie den anderen Auftrag erhalten hätten.

Oder: Eine schon länger schwelende Auseinandersetzung mit einem Kollegen eskaliert zu einem heftigen Streitgespräch, bei dem Sie beide nicht mit Ihrer Meinung hinter dem Berg halten. In der Folge herrscht Eiszeit, was Sie sehr bedrückt. Nachdem jeder aber nun Luft abgelassen hat, finden Sie nach einer Weile wieder zu einem sachlichen Ton und können mit Ihrem Kollegen eine einvernehmliche Lösung für Ihr gemeinsames Problem finden.

Längst haben Sie meine zentrale Botschaft erkannt: Wenn Sie Sorgen haben, wenn Sie etwas bekümmert, wenn es Vorfälle gibt, die Sie aufregen, dann denken Sie künftig bitte an die verlorene Sonnenbrille: Alles im Leben hat seinen Sinn, auch wenn wir ihn vielleicht nicht immer sofort erkennen.

Nun mal angenommen, dass der Vorfall, über den Sie sich ärgern, nicht so lapidar ist wie eine verlorene Sonnenbrille und Ihnen länger Sorgen bereitet, Sie zu Mehrarbeit, Einschränkungen oder zur Änderung Ihrer ursprünglichen Planung zwingt. Wie kann es Ihnen dennoch gelingen, das Problem etwas unverkrampfter zu sehen? Ein Perspektivenwechsel! Sehen Sie das unschöne Vorkommnis nicht als Bestrafung, sondern als Lernmöglichkeit. Das Leben will Sie etwas lehren und Ihnen die Chance schenken, es beim nächsten Mal besser zu machen. Versuchen Sie also, die unvorteilhafte Situation anzuerkennen, und **fragen Sie sich: »Was kann ich daraus lernen?** Welche Erfahrungen hat mir der Vorfall geschenkt?« So prägnant wie Eugen Roth kann niemand diese Empfehlung zusammenfassen:

»Ein Mensch schaut in der Zeit zurück und sieht: Sein Unglück war sein Glück.«

Visa-Verfahren: Versehen Sie Dokumente stets mit einem Datum

Wenn Sie in ein Land mit Visumspflicht einreisen, dann bekommen Sie von einem mehr oder weniger freundlichen Beamten einen mehr oder weniger schönen Stempel in Ihren Pass gedrückt – angegeben ist stets das Datum Ihrer Einreise und zumeist auch der Termin der spätestmöglichen Ausreise, sodass jederzeit überprüft werden kann, ob Sie sich noch zu Recht (innerhalb der Gültigkeitsdauer) im Land aufhalten.

Dieses Visa-Verfahren sollten wir auch zur Kennzeichnung von Dokumenten verwenden, damit wir erkennen können, ob es sich um eine (noch) aktuelle Version handelt. Viele Informationen besitzen nach einer gewissen Zeit nämlich keine Gültigkeit mehr oder wurden durch neuere ersetzt. Ich denke dabei nicht nur an Arbeits- oder Verfahrensanweisungen, sondern zum Beispiel auch an Ideen oder Materialsammlungen, die wir am PC festhalten.

Insbesondere bei Briefen, Artikeln, PowerPoint-Präsentationen, umfangreicheren Texten oder Tabellenkalkulationen, die man über einen längeren Zeitraum erstellt, ist es sinnvoll, den Dateinamen mit dem Datum zu ergänzen und jeweils neu abzuspeichern. Das hat nicht nur den Vorteil, dass man sofort sieht, welches die jeweils aktuelle Fassung ist, sondern man verfügt im Fall einer versehentlichen Löschung noch über die Vorgängerversion(en).

Wenn ich beispielsweise einen Artikel mit etwa 4.000 Wörtern verfasse, dann tue ich dies natürlich nicht an einem Tag – vielmehr bin ich oft über mehrere Wochen damit beschäftigt. Die erste Version speichere ich dann etwa als »Artikel Mitarbeiterkommunikation 2014–10–03«. Wenn ich mich eine Woche später wieder ans Schreiben mache, dann heißt die Datei »Artikel Mitarbeiterkommunikation 2014–10–10«. Das kann manchmal dazu führen, dass ich am Ende zwölf oder noch mehr Versionen des Artikels habe. Das frisst zwar Speicherkapazität, lässt mich aber beruhigt arbeiten, denn ich weiß, dass bei einem Systemabsturz oder bei unbeabsichtigter Betätigung der Entfernen-Taste – was tatsächlich schon vorgekommen ist – zumindest nicht alle Mühen umsonst waren, da ich ja noch die Vorgängerfassung habe. Sobald ich den endgültigen Artikel an den Verlag geschickt habe, lösche ich die nun nicht mehr benötigten früheren Bearbeitungen und schaffe damit neuen Platz auf der Festplatte.

Übrigens: Wenn Sie diesen Tipp zukünftig umsetzen wollen, dann rate ich Ihnen dazu, das Datum in der Reihenfolge

Jahr-Monat-Tag

zu schreiben und nicht im konventionellen Stil, also Tag-Monat-Jahr. Das hat einen einfachen Grund: Üblicherweise sortiert der Computer die Dateinamen nach (alpha)numerischer Reihenfolge. Das kann aber dazu führen, dass das Dokument »Irgendeinname 26102014« nach der Datei »Irgendeinname 25112014« erscheint, obwohl dieses zuletzt verfasst wurde. Solche »Verwechslungen« können vermieden werden, wenn man die Gliederung Jahr-Monat-Tag benutzt.

Die Visa-Empfehlung gilt nicht nur für elektronische Dokumente, sondern auch für das klassische Papier. Jedes Schriftstück, das ich erhalte oder selbst verfasse, bekommt von mir einen Datumsstempel aufgedrückt. Egal, ob es sich um zugesendete Seminararbeiten zur Korrektur oder die Gedanken für einen neuen Vortrag handelt – stets findet sich auf dem Blatt rechts unten das Datum. Auf diese Weise kann ich beispielsweise später ersehen, ob ich mich noch innerhalb der Korrekturfrist befinde oder welche wirren Ideen ich vor drei Monaten für meinen Vortrag hatte.

Wäschekorb-Methode: Fassen Sie Gleichartiges zusammen

Meine Frau und ich haben uns die Hausarbeit gerecht aufgeteilt. Ich bin zum Beispiel fürs Einkaufen und Kochen zuständig, meine wesentlich bessere Hälfte kümmert sich um die Versorgung unserer tierischen Mitbewohner und um die Wäsche. Meine Gemahlin hat dazu im Laufe der Jahre ein System zur Sortierung ausgeklügelt, das sich hervorragend bewährt hat.

Eine vierköpfige Familie, in der jedes Mitglied einen schwitzintensiven Sport betreibt, produziert im Laufe einer Woche ein Schmutzwäschevolumen, das problemlos sechs Waschmaschinentrommeln füllt. Da ist also Effizienz gefragt, wenn man nicht die ganze Freizeit zwischen Trockner, Zuber und Wäscheleine verbringen will. Was macht meine Gattin nun, um sich die Arbeit zu erleichtern? Sie sortiert die anfallende Schmutzwäsche in einen von zwölf (!) verschiedenen Wäschekörben. Da gibt es welche für 30 Grad bunt, 60 Grad hell oder 90 Grad. Die Vorteile dieses differenzierten Sortierungssystems liegen vor allem darin, dass meine Frau

a) sofort erkennt, welcher Korb am meisten befüllt ist

und sein Inhalt daher am dringendsten gewaschen werden muss, und

b) dass sie wirtschaftlich waschen kann, denn ein Blick in die Körbe verrät ihr, ob es sich schon lohnt, eine Waschmaschine in Gang zu setzen.

Was können wir daraus lernen? Dass wir Gleichartiges zusammenfassen sollten. Anders ausgedrückt: Bilden Sie Blöcke von ähnlichen Tätigkeiten! Führen Sie also drei Telefonate hintereinander, reservieren Sie sich eine halbe Stunde ausschließlich für das Lesen Ihrer Post und beantworten Sie zwischen 15.00 und 16.00 Uhr nur Ihre E-Mails.

Der Hintergrund dieser Empfehlung: Die wiederholte Ausübung einer bestimmten Aktivität macht uns effizienter. Zudem kostet das Hin- und Herspringen zwischen verschiedenen Tätigkeitsarten viel Aufmerksamkeit.

Was-ist-rot?-Phänomen: Erkennen Sie das Positive in Ihren Mitmenschen

Es ist ein außergewöhnlicher Hörsaal, in dem ich heute bin. Genau die Umgebung, die ich für meine Übung brauche. Der Raum wird offensichtlich von Kursen unterschiedlichster Fakultäten genutzt. Er ist – im Gegensatz zu den ansonsten eher sterilen Hörsälen – recht individuell gestaltet. An den Wänden hängen Poster und Wandzeitungen von Soziologen, katholischen Theologen und Linguisten. Irgendjemand hat ein altes Sofa in die Ecke gestellt, und vor dem Fenster fristet eine kümmerliche Drachenpalme ihr karges Dasein.

Ich bitte die Zuhörer, sich umzusehen und sich alles zu merken, was rot ist. Nach einer Minute fordere ich die Studenten auf, die Augen zu schließen und alle roten Dinge zu nennen, die sie entdeckt haben. Eine erstaunliche Anzahl von Objekten wird da genannt. Anschließend frage ich: »Und was haben Sie gesehen, was grün war?« Natürlich werden nun wesentlich weniger grüne Sachen aufgezählt, auch wenn mindestens ebenso viele vorhanden waren. Die zentrale Erkenntnis: Worauf auch immer man sich fokussiert – man wird es finden!

Wer permanent nur das Negative in anderen sucht, der wird es auch entdecken. **Doch wir sollten uns vielmehr darum bemühen, das Positive in unseren Mitmenschen zu erkennen.** Kollege Krause ist ein echter Schlamper, doch dafür ist er außerordentlich hilfsbereit. Der Chef lässt in Besprechungen niemanden zu Wort kommen und redet nur selbst. Er ist jedoch auch eine echte Ideenquelle und gibt oft wertvolle Anregungen.

Zudem kann es hilfreich sein, in bestimmten Verhaltensweisen oder Eigenschaften einen Vorteil zu erkennen. Bereits Aristoteles hat in seiner »Nikomachischen Ethik« die Idee entwickelt, dass jede Tugend als die rechte Mitte zwischen zwei fehlerhaften Extremen zu bestimmen ist. Etwas anschaulicher hat das Paul Helwig mit seinem »Wertequadrat« ausgedrückt. Demnach verfügt jede Tugend (oder Wert beziehungsweise Eigenschaft) über eine Schwestertugend – beide sollten zusammen betrachtet werden.

So hat »Sparsamkeit« als Schwestertugend »Großzügigkeit«. Sowohl Tugend als auch Schwestertugend haben zudem Extremausprägungen: »Geiz« und »Verschwendung«. Die zentrale Aussage ist, dass jede Tugend ihre Schwestertugend braucht, um nicht ins Extrem abzudriften. Das heißt: Sparsamkeit benötigt auch immer etwas Großzügigkeit, um nicht zum Geiz zu verkommen.

Bezogen auf die Vermeidung von Stress und Konflikten am Arbeitsplatz heißt das: Wenn Sie eine bestimmte Eigenschaft an Ihrem Kollegen, Vorgesetzten oder Mitarbeiter stört und Sie darüber oft in Streit geraten, dann sollten Sie überlegen, ob es sich tatsächlich um die (negative) Extremausprägung oder um einen (positiv besetzten) Wert handelt – ist der andere kleinkariert, oder ist er gründlich? Ist der andere starr oder zielorientiert? Ist der andere hektisch oder dynamisch? Ist der andere faul oder gelassen?

Wohnungsmakler-Spiel: Werfen Sie einen frischen Blick auf Ihre Arbeitsumgebung

Vielleicht muss man ein wenig schizophren sein, um diese Empfehlung anzuwenden. Vielleicht reicht aber auch einfach ein wenig Fantasie aus. Das Wohnungsmakler-Spiel geht so: **Stellen Sie sich vor, Sie seien ein Wohnungsmakler und würden Ihr Büro (oder Ihre Wohnung) zum ersten Mal betreten.** Aufmerksam streift Ihr Blick durch den Raum beziehungsweise die Räume. Sie betrachten und analysieren ganz genau die Gegebenheiten; Sie achten auf Details; Sie erkennen, was vorteilhaft und was nachteilig ist.

Sofern Ihnen dieses »Rollenspiel« glückt, werden Sie durch den frischen Blick auf Ihre (Arbeits-)Umgebung Dinge feststellen, die Sie all die Jahre nicht gesehen haben, weil Sie sich daran gewöhnt haben. Sie werden vermutlich einen Haufen unnütze Gegenstände identifizieren, sich über den halbvertrockneten Ficus mokieren und den ein oder anderen »Schmuddelwinkel« ausfindig machen. Verstaubte Regalböden, Spinnweben zwischen den Lamellen der Jalousie und Kaffeeflecken auf dem Boden werden Ihnen ins Auge springen.

Sollte es Ihnen schwerfallen, sich in die Rolle eines Maklers zu versetzen, dann probieren Sie es doch mal mit dieser Variante: Stellen Sie sich vor, der höchste Vorgesetzte Ihres Unternehmens, der cholerische Ober-Ober-Mufti, hätte sich bei Ihnen zur Inspektion angesagt. Eventuell setzt diese Vorstellung bei Ihnen ja genügend Energie frei, Ihren Arbeitsplatz (Ihre Wohnung) aufzuräumen und zu säubern.

Das Wohnungsmakler-Spiel hat einen weiteren, wahrscheinlich sogar noch wichtigeren Vorteil: Eine unvoreingenommene Betrachtung der eigenen (Arbeits-)Umgebung erlaubt es, Optimierungspotenziale zu erkennen. Wenn Sie den Drucker nicht in der hintersten Ecke des Büros, sondern neben Ihren Schreibtisch stellen, dann müssen Sie nicht jedes Mal aufstehen, um die ausgedruckte Seite zu holen. Wenn Sie das Regal zwei Meter weiter rechts aufstellen, dann erhellt viel mehr Tageslicht Ihre Arbeitsfläche. Wenn Sie das – ohnedies kaum genutzte – Sideboard aus dem Büro verbannen, sieht es gleich luftiger aus, und Sie hauen sich nicht jedes Mal den Oberschenkel an, wenn Sie das Fenster dahinter öffnen wollen.

X/Z

XS-Glück-Faktor: Suchen Sie das kleine Glück im Alltag

In der deutschen Filmkomödie *Männerherzen 2* (aus dem Jahr 2011) singt der in die Jahre gekommene Schlagerstar Bruce Berger den schmalzigen Hit »Ich such das ganz ganz ganz ganz ganz ganz ganz ganz ganz große Glück.« Ob er es findet, wissen wir nicht, aber eines ist auf jeden Fall klar: Viele Menschen jagen wie Berger das Glück in der XXL-Version – der perfekte Partner, die Lottomillion oder der Superjob mit perfekten Kollegen und verständnisvollen Chefs muss es sein –, nur um immer wieder feststellen zu müssen, dass sie es nicht erwischen.

Doch wer die Messlatte zu hoch legt, wird zwangsläufig enttäuscht sein, wenn er nicht darüberspringt. Frustrationen sind programmiert, wenn man zu viel vom (Arbeits-)Leben erwartet. Im Umkehrschluss heißt das: Statt das exorbitante, das außergewöhnliche Glück zu suchen, sind wir besser beraten, das Glück in der XS-Ausführung im Alltag aufzuspüren.

In seinem wunderbaren Büchlein *Vom Zauber des kleinen Glücks* schreibt Roland Kaehlbrandt:

»In unserer Vorstellung wollen wir alles: das vollständige, große Glück soll es sein [...]. In Wirklichkeit ist es das kleine Glück, das uns glücklich macht; so wie es auch eher die kleinen Missgeschicke sind, die uns leiden machen. Das kleine Glück leuchtet kurz auf: als Augenblick der Freiheit, des Entrinnens, der Harmonie. Es tritt in Augenblicken in Erscheinung, die uns vollständig gehören. Es ist sanft und leise, nicht gewaltig und heftig, wie das große Glück. Zwar mindert dies die Bedeutung, die wir ihm im Vergleich zum großen Glück beimessen. Aber dafür hält das kleine Glück auch eine Tröstung bereit: Es kann wiederkehren.«

Anders ausgedrückt: Das (kleine) Glück ist bereits da, wir müssen lediglich unsere Augen und Ohren offen halten, um es zu entdecken. Und: Wir müssen innerlich bereit sein, das kleine Glück wahrzunehmen. Damit meine ich eine generell positive Geisteshaltung, die anerkennt, dass es nahezu unbegrenzt viele Möglichkeiten gibt, kurzzeitig Glück zu empfinden.

Der Neurologe Richard Davidson zeigte in verschiedenen Untersuchungen: Ein auf eine lebensbejahende Einstellung trainiertes Gehirn aktiviert andere Areale und reagiert intensiver auf positive Reize als ein auf negative Gedanken trainiertes. Das heißt im Klartext, dass wir Glücksmomente viel eher wahrnehmen, wenn wir positiv denken.

Wenn es doch nur so einfach wäre! Einem Pessimisten zuzurufen »Denke positiv!« ist gleichermaßen höhnisch wie wirkungslos, denn unsere grundsätzliche Lebenseinstellung lässt sich kaum willentlich beeinflussen. Was lässt sich also tun? Mein Vorschlag: sich von anderen inspirieren lassen und langsam lernen, Glücksanlässe ausfindig zu machen. Auf diese Weise könnte eine sich selbst verstärkende Aufwärtsentwicklung in Gang gesetzt werden: Ich entdecke einmal das kleine Glück im Alltag und erfreue mich daran, was mich ein klein wenig positiver denken lässt. Und so stöbere ich vielleicht etwas leichter die nächste Glückssituation auf ... und so weiter.

Diesen Gedanken – dass wir viel mehr auf das kleine Glück achten sollten – fand ich so faszinierend, dass ich ihn möglichst vielen Menschen mitteilen wollte. Dazu habe ich mit einer Jugendgruppe im Jahr 2013 den Erlebnislernpfad »GlücksWEG« in meinem Heimatort Heigenbrücken (bei Aschaffenburg) gestaltet und umgesetzt (www.gluecks-weg.de). Entlang eines 3,4 Kilometer langen Rundwegs haben wir 28 Schautafeln aufgestellt.

Diese zeigen exemplarisch, was Glück für Menschen konkret bedeuten kann. Für den einen ist es, in ein frisch bezogenes Bett steigen zu können, für den anderen ist es ein mit Nutella gefüllter Pfannkuchen. Einer ist glücklich, wenn er mit dem Mountainbike unterwegs sein kann, ein anderer, wenn er am Kachelofen sitzt und dem Regen zuschaut.

Die Hauptbotschaft des GlücksWEGs ist: Das Glück liegt am Wegesrand – man muss es nur aufheben. Wie bereits gesagt: Wer das (Lebens-)Glück nur an großen Dingen festmacht, wer es ausschließlich in der Zukunft vermutet (»wenn ich zum Abteilungsleiter aufgestiegen bin, wenn es uns finanziell besser geht, wenn ich in Rente bin ...«), der wird nur allzu oft enttäuscht. Stattdessen ist man besser beraten, alltäglich nach den vielen kleinen Glücksmomenten Ausschau zu halten, die das Leben immer wieder für uns parat hält. Entscheidend ist, dass man seine Sinne schärft und lernt, die vielen Glücksgelegenheiten des Alltags zu nutzen.

Zahnarzt-Stuhl-Formel: Denken Sie daran, dass auch die schlimmsten Phasen vorübergehen

Zwei Mal im Jahr lasse ich mir die Zähne reinigen. Eine freundliche Zahnarzthelferin ist dann ungefähr eine Dreiviertelstunde damit beschäftigt, mein Gebiss wieder auf Hochglanz zu bringen. Es ist eine für mich reichlich unangenehme Prozedur, bis die Koffein-Nikotin-Teein-Rotwein-Ablagerungen von meinen Kauwerkzeugen gelöst sind. Klar, es gibt Schlimmeres, was man auf dem Zahnarztstuhl erleben kann. Dennoch ist es nicht gerade eine meiner Lieblingsbeschäftigungen, 45 Minuten den Mund aufzuhalten und abwechselnd diverse Folterinstrumente in den Rachen geschoben zu bekommen. Ich sage mir dann immer vor:

»Alles geht vorbei. Nichts dauert ewig.«

Klingt nach Abrisskalenderweisheit, ist aber extrem hilfreich und zudem wissenschaftlich bewiesen. Der Psychologe Martin Seligman hat gezeigt, dass ein erlernter Optimismus die Widerstandskraft stärkt. **Wer Situationen/Probleme als vorübergehenden Zustand begreift, etwas, was nicht von Dauer ist, der tut sich im Leben oft leichter!**

Ich sage mir diese Formel übrigens nicht nur beim Zahnarztbesuch auf, sondern auch in anderen Situationen vor, etwa bei sterbenslangweiligen Urlaubsbilderpräsentationen im Freundeskreis oder bei ermüdenden Ausschusssitzungen. Oft gelingt es mir sogar, solchen Anlässen etwas Positives abzugewinnen, weil ich die Gelegenheit dann zu einer Traumreise nutze oder einfach meinen Gedanken nachhänge. Das geht natürlich nur, wenn keine aktive Mitarbeit von mir gefordert wird.

Die Erkenntnis, dass alles einmal vorbeigeht, hilft nicht nur in so banalen Alltagssituationen, sondern vor allem in Lebensphasen, in denen es wirklich total mies läuft – sei es, weil einen der Job zu erdrücken scheint, weil wir in einem für unsere Karriere äußerst wichtigen Projekt keinen Millimeter vorankommen oder weil wir in einer Beziehungskrise stecken. Wer sich in solchen Abschnitten daran erinnert, dass dieser Zustand nicht bis in alle Ewigkeit anhält, wer vielleicht sogar darüber hinaus feststellt, dass man zwar harte Zeiten durchlebt, aber auch daran wächst und reift, der wird sich in der Bewältigung dieser Lebenslage viel leichter tun.

Zahnpasta-Erkenntnis: Akzeptieren Sie, was geschehen ist

Vor ein paar Jahren durfte ich bei einem mehrtägigen Führungskräfte-Kongress eines großen, international tätigen Medizinprodukte-Herstellers einen Vortrag halten. Das Tagungshotel in Bad Brückenau war in einem Gebäude aus dem 19. Jahrhundert untergebracht und beherbergte sogar ein eigenes Standesamt. Dafür hatten sich die Manager allerdings nicht interessiert, sondern wohl eher für die Cocktails an der Bar, wie ich aus den recht verkaterten Gesichtern der Zuhörer an diesem Morgen schloss.

Um die Aufmerksamkeit des restalkoholisierten Publikums zu gewinnen, begann ich meine Rede mit einer kleinen Vorführung. Bewusst langsam begrüßte ich das Publikum mit den Worten: »Guten Morgen, meine Damen und Herren, PAUSE, schauen Sie bitte einmal zu mir!« Meiner Arbeitstasche entnahm ich ein weißes Blatt Papier und legte es behutsam auf das Rednerpult. Nach einer weiteren Pause öffnete ich im Zeitlupentempo mein Jackett und griff in die Innentasche. Von dort zog ich eine Tube Zahnpasta hervor und hob sie hoch, sodass alle sie sehen konnten. Kommentarlos schraubte ich sie dann auf und drückte sie auf dem Blatt Papier aus. Anschließend stellte ich die Frage: »Was will ich Ihnen damit sagen?« Ratlose Gesichter. Manch einer dachte sich wahrscheinlich: »Der Däfler hat wohl was geraucht.«

Dem war nicht so, wie meinen Zuhörern klar wurde, als ich das Rätsel auflöste. Ich erklärte: »Zahnpasta, die man aus der Tube gedrückt hat, bekommt man nicht mehr hinein.« Will heißen: Akzeptieren Sie, dass Sie die Uhr nicht zurückdrehen, Geschehenes nicht ungeschehen machen können. Die E-Mail mit einer Schimpftirade über den Chef, die Sie der Kollegin schicken wollten, geht aus Versehen an die ganze Belegschaft? Nicht zu ändern. Die verpatzte Kundenpräsentation? Nicht mehr rückgängig zu machen! Der peinliche Auftritt bei der Weihnachtsfeier? Wird nicht dadurch ungeschehen, dass Sie sich aufregen. Im Buddhismus heißt es ebenso schlicht wie wahr:

»Es ist, wie es ist.«

Verinnerlichen Sie diese fünf Worte und denken Sie zukünftig an die ausgedrückte Zahnpasta, wenn Ihnen mal wieder etwas passiert ist, was Sie gern ungeschehen machen möchten.

Zum-Zug-Rennen-Postulat: Überlegen Sie, wann es sich lohnt, sich zu beeilen

In Nassim Talebs bereits zitiertem Bestseller *Der Schwarze Schwan* habe ich eine bemerkenswerte und nachdenklich stimmende Anekdote entdeckt. Sie stammt von Jean-Oliver Tedesco, einem Klassenkameraden von Taleb. Er riet seinem Freund, nie zu rennen, um einen Zug oder eine U-Bahn noch zu bekommen. Taleb befolgte die Regel und erweiterte sie sogar. Er schreibt:

»Schlagen Sie Ihrem Schicksal ein Schnippchen. Ich habe mir beigebracht, nicht zu rennen, um im Zeitplan zu bleiben. Das mag wie ein ganz winziger Rat aussehen, doch er hatte große Konsequenzen [...] ich habe das Gefühl gehabt, Herr über meine Zeit, meine Pläne und mein Leben zu sein.«

Nun wird es sicherlich Situationen im Leben geben, in denen es schmerzliche Konsequenzen hat, wenn man sich nicht beeilt, um einen Zug, einen Flieger oder sonst was zu erwischen beziehungsweise seinen Zeitplan einzuhalten. Oft genug jedoch machen wir uns Stress und hetzen uns ab, auch wenn die Folgen des Zuspätkommens minimal sind.

Übrigens: Kurz nachdem ich Talebs Empfehlung zum ersten Mal gelesen hatte, musste ich mit dem Zug nach Lindau fahren. Durch einen Stau geriet ich in Zeitnot und wurde immer nervöser. Ich überlegte mir sogar, auf den Standstreifen zu fahren, um noch rechtzeitig zum Bahnhof zu kommen. Da erinnerte ich mich an den Schwarzen Schwan und blieb in der Spur. Ich kam zehn Minuten zu spät am Gleis an. Auf der Anzeige stand: »Ihr Zug hat heute 15 Minuten Verspätung.« Seitdem beeile ich mich nicht mehr, um Züge zu bekommen.

Also: Überlegen Sie von jetzt an genau, wann es sich »lohnt«, sich zu beeilen!

Zwei-Minuten-Regel: Erledigen Sie kleinere Aufgaben sofort

Sie bekommen eine E-Mail mit der Bitte, dem Kollegen die Frage zu beantworten, wann der Kunde Engelhardt & Söhne zum letzten Mal die Aluschiene Typ 95C bestellt hat. Dazu müssten Sie nur kurz in der Datenbank nachschauen. Das machen Sie aber nicht, sondern Sie schließen die Mail des Kollegen und lesen die nächste Nachricht in Ihrem Posteingang. Das war ein Fehler! Warum? Weil Sie nun später die Anfrage wegen der Aluschiene erneut öffnen und lesen müssen, um das Anliegen zu bearbeiten.

Ein anderes Beispiel: Sie haben an der wöchentlichen Abteilungsbesprechung teilgenommen und den Auftrag mitgenommen, der Niederlassung in Aschaffenburg mitzuteilen, dass in KW 38 eine Vertriebsaktion für imprägnierte Dachlatten durchgeführt werden soll. Anstatt sich an den PC zu setzen und eine entsprechende Mail zu formulieren, schreiben Sie auf Ihre To-do-Liste »AB informieren wegen Dachlatten-Aktion in KW 38«. Auch dies ist ein Fehler! In der Zeit, in der Sie eine solche Notiz anfertigen, hätten Sie ebenso gut eine kurze Mail verfassen können.

Zahlreiche weitere Beispiele ließen sich anführen, doch die Botschaft ist längst klar: Erledigen Sie kleinere Aufgaben sofort, statt sie auf einen späteren Zeitpunkt zu verschieben. Im Zeitmanagement ist diese Empfehlung als die »Zwei-Minuten-Regel« bekannt: Alles, was sich innerhalb von 120 Sekunden bearbeiten lässt, sollte nicht auf die lange Bank geschoben werden.

Ich halte mich strikt an diese Direktive. Wenn zum Beispiel die Post kommt, öffne ich gleich die Umschläge und bilde zwei Stapel: einen für die Aufgaben, deren Erledigung mehr Zeit in Anspruch nimmt, und einen für jene, die ich sofort in Angriff nehme, indem ich sie in den Papierkorb befördere, loche und ablege, weiterleite oder durch ein kurzes Telefonat aus der Welt schaffe.

Wichtig bei der »Zwei-Minuten-Regel« ist, dass Sie sich tatsächlich strikt an die Zeitobergrenze halten, da Sie sonst der Gefahr erliegen, von einer Aufgabe zur nächsten zu springen und unsystematisch zu arbeiten. Nicht mehr Ihre Prioritäten und Ziele haben dann Vorfahrt, sondern die Aufgaben, die Ihnen andere geben. Die Kunst besteht also darin, ein Gefühl dafür zu entwickeln, wie lange die Erledigung einer bestimmten Angelegenheit dauert, und dann zu entscheiden, ob Sie sie sofort oder später anpacken.

Hinter den Kulissen ...

... arbeiten an der Entstehung eines Buches unzählige Menschen mit. Viele sind selbst dem Autor nicht bekannt – ob es der/die Grafiker/in ist, der/die das Layout macht, die freundliche Dame in der Buchhaltung, die das Honorar pünktlich anweist, oder der Mitarbeiter, der die frisch gedruckten Exemplare sorgfältig in Kartons packt. Ihnen allen sei herzlich für ihre Mitwirkung gedankt. Und natürlich all jenen lieben Menschen, die ich persönlich kenne.

Namentlich möchte ich meiner langjährigen Agentin Bettina Querfurth für ihre unnachgiebige Haltung danken. Offen gesagt, habe ich mir in manchen Momenten gewünscht, dass sie einen Vorschlag von mir doch einfach mal gutheißen könnte. Aber ausnahmslos habe ich später erkannt, dass Frau Querfurth zu 100 Prozent recht mit ihren Anmerkungen hatte – insofern ist sie eine äußerst bedeutsame Geburtshelferin der *Torero-Technik* gewesen. Ebenso wichtig für die Entstehung dieses Buches waren meine Lektorinnen Franziska Beyer und Sabine Niemeyer vom Bastei-Lübbe Verlag, die mir stets mit kompetentem Rat zur Seite standen und mit denen zusammenzuarbeiten jederzeit eine echte Freude war.

Etliche Kunden, Studierende, Bekannte und Freunde haben mich mit ihren Ideen sowie Hinweisen inspiriert. Auch Klara und Niklas, meinen wunderbaren Kindern, verdanke ich einige Geistesblitze und Einsichten. Danke dafür! Beim nächsten Buch möchte ich allerdings, dass ihr mir nicht so oft mein Laptop entführt, um darauf »Minecraft« oder »League of Legends« zu spielen.

Einen letzten Dank darf ich dem wunderbaren Burgfräulein aussprechen. Nach Fertigstellung meines Buches musste ich privat eine sehr schwierige Phase durchstehen. Dass diese nicht zu lange gedauert hat und dass es mir gelungen ist, wieder an meine eigenen, auf den vorstehenden Seiten abgedruckten, Empfehlungen (wie etwa die *Zahnpasta-Erkenntnis*) zu glauben, dass habe ich allein dir zu verdanken. Dafür werde ich im Folgeband die *High-Heel-Hypothese,* die *Rentier-Regel* und das *Zum-27ten-Mal-du-bist-unmöglich-Gesetz* mit aufnehmen. Du bist ein Geschenk!

Verwendete und weiterführende Literatur

Aamodt, Sandra und Wang, Samuel: *Welcome to Your Brain – Ein respektloser Führer durch die Welt unseres Gehirns.* München 2008
Allen, David: *Wie ich die Dinge geregelt kriege – Selbstmanagement für den Alltag.* München 2007
Ariely, Dan: *Wer denken will, muss fühlen – Die heimliche Macht der Unvernunft.* München 2012

Babauta, Leo: *Weniger bringt mehr.* München 2009
Bähner, Christian; Oboth, Monika und Schmidt, Jörg: *Praxisbox Konfliktklärung in Teams & Gruppen.* Paderborn 2008
Birkenbihl, Vera F.: *Fragetechnik ... schnell trainiert – Das Trainingsprogramm für Ihre erfolgreiche Gesprächsführung.* Heidelberg 2007
Borscheid, Peter: *Das Tempo-Virus – Eine Kulturgeschichte der Beschleunigung.* Frankfurt/Main 2004
de Botton, Alain: *Freuden und Mühen der Arbeit.* Frankfurt/Main 2012
Brandl, Peter Klaus: *Crash-Kommunikation.* Offenbach 2012

Carnegie, Dale: *Besser miteinander reden – Das richtige Wort zur richtigen Zeit.* Frankfurt/Main 2011
Carr, Nicholas: *Wer bin ich, wenn ich online bin ... und was macht mein Gehirn solange?* München 2010
Carlson, Richard: *100 Regeln für ein gutes Leben.* München 2005
Covey, Steven: *Die sieben Wege zur Effektivität – Ein Konzept zur Meisterung Ihres beruflichen und privaten Lebens.* Offenbach 2013
Covey, Steven: *Die 3. Alternative – So lösen wir die schwierigsten Probleme des Lebens.* Offenbach 2012
Covey, Steven: *Der Weg zum Wesentlichen – Der Klassiker des Zeitmanagement.* Frankfurt/Main 2007

Däfler, Martin-Niels: *Der Karriereführerschein – Erfolgstipps für alle, die anfangen zu arbeiten.* Frankfurt/Main 2011
Dobelli, Rolf: *Die Kunst des klugen Handelns – 52 Irrwege, die Sie besser anderen überlassen.* München 2012

Dobelli, Rolf: *Die Kunst des klaren Denkens – 52 Denkfehler, die Sie besser anderen überlassen.* München 2012

Dyckhoff, Katja: *ABC des Ich – Coaching- und Führungsleitfaden.* Regensburg 2011

Ferris, Timothy: *Die 4-Stunden-Woche – Mehr Zeit, mehr Geld, mehr Leben.* Berlin 2011

Fisher, Roger, Ury, William und Patton, Bruce: *Das Harvard-Konzept – Der Klassiker der Verhandlungstechnik.* Frankfurt/Main 2009

Frankl, Viktor E.: *Das Leid am sinnlosen Leben – Psychotherapie für heute.* Freiburg i. Br. 2012

Fritz, Hannelore: *Glücklich im Job – Das Erfolgsprogramm für mehr Zufriedenheit im Beruf.* Frankfurt/Main 2004

Goleman, Daniel: *Emotionale Intelligenz.* München 1997

von Hertel, Anita: *Professionelle Konfliktlösung – Führen mit Mediationskompetenz.* Frankfurt/Main 2009

von Hirschhausen, Eckhart: *Glück kommt selten allein.* Reinbek bei Hamburg 2009

Honoré, Carl: *Slow Life – Warum wir mit Gelassenheit schneller ans Ziel kommen.* München 2007

Hunt, John: *The Art of The Idea.* New York 2009

Kaehlbrandt, Roland: *Vom Zauber des kleinen Glücks.* Frankfurt/Main 2005

Kitz, Volker und Tusch Manuel: *Das Frustjobkillerbuch.* Frankfurt/Main 2011

Kitz, Volker: *Die 365-Tage-Freiheit – Ihr Leben ist zu wertvoll, um es mit Arbeit zu verbringen.* München 2012

Küstenmacher, Werner und Seiwert, Lothar: *Simplify your life – Einfacher und glücklicher leben.* Frankfurt/Main 2008

Kury, Patrick: *Der überforderte Mensch – Eine Wissensgeschichte vom Stress zum Burnout.* Frankfurt/Main 2012

Levine, Robert: *Eine Landkarte der Zeit – Wie Kulturen mit Zeit umgehen.* München 2011

Mai, Jochen: *Die Karrierebibel – Definitiv alles, was Sie für Ihren beruflichen Erfolg wissen müssen.* München 2008
Nützel, Nikolaus und Andrich, Jürgen: *Das Universum im Kopf – Wie unser Gehirn funktioniert.* Berlin 2008
Nussbaum, Cordula: *Organisieren Sie noch oder leben Sie schon? Zeitmanagement für kreative Chaoten.* Frankfurt/Main 2008

Rosenberg, Christiana: *Endlich stressfrei! Das Fitnessprogramm für mehr Lebensqualität.* München 2002
Rosenberg, Marshall: *Gewaltfreie Kommunikation – Eine Sprache des Lebens.* Paderborn 2012
Rosenzweig, Phil: *Der Halo-Effekt – Wie Manager sich täuschen lassen.* Offenbach 2008

Schulz von Thun, Friedemann: *Miteinander Reden – Störungen und Klärungen (Band 1).* Hamburg 2010
Storch, Maja: *Das Geheimnis kluger Entscheidungen – Vom Bauchgefühl und Körpersignalen.* München 2011
Sutton, Robert: *Der Arschloch-Faktor.* München 2008

Taleb, Nassim Nicholas: *Der Schwarze Schwan – Die Macht höchst unwahrscheinlicher Ereignisse.* München 2008
Thaler, Linda Kaplan und Koval, Robin: *The Power of Nice – Wie Sie die Welt mit Freundlichkeit erobern können.* München 2008

Watzlawick, Paul: *Anleitung zum Unglücklichsein.* München 2009
Wehrle, Martin: *Ich arbeite in einem Irrenhaus – Vom ganz normalen Büroalltag.* München 2013

Zirfas, Jörg: *Vom Zauber der Rituale.* Leipzig 2004

Die beliebte Kolumne aus der Frankfurter Allgemeinen Sonntagszeitung – illustriert von Oliver Weiss

Winand von Petersdorff und
Patrick Bernau
DENKFEHLER, DIE
UNS GELD KOSTEN
Warum wir immer das
Falsche tun und andere
sich ins Fäustchen lachen
352 Seiten
mit zahlreichen
Abbildungen
ISBN 978-3-431-03880-4

Stehen Sie gerade in einer Buchhandlung und überlegen sich, ob dieses Buch etwas für Sie ist? Oder blättern Sie im Onlineshop darin und denken darüber nach, ob Sie es auf Ihren E-Book-Reader laden sollten?

Denken Sie nicht zu lange nach. Das macht Sie nur unglücklich.

Hören Sie also sofort auf damit! Nehmen Sie das Buch und gehen Sie zur Kasse. Kaufen Sie es einfach. Denn es erklärt Ihnen, wie Sie besser einkaufen.

Bastei Lübbe